浙江的民间工艺是祖国艺术宝库的奇葩，应注意保护与传承。在文化大省建设中要加强这方面的工作。

习近平

2005 年 5 月 4 日

浙江省社科规划课题成果
（科普读物类，课题编号：25KPDW06YB）

杭州工艺美术传承发展丛书

主编　陈刚

副主编　王恋　郜珊珊

十位手工艺大师的访谈录

沈旭炜　沈华鸣　著

浙江工商大学出版社·杭州

图书在版编目（CIP）数据

言传：十位手工艺大师的访谈录 / 沈旭炜，沈华鸣
著 . -- 杭州：浙江工商大学出版社，2024. 12. --（杭
州工艺美术传承发展丛书 / 陈刚主编）. -- ISBN 978-7-
5178-6201-7

Ⅰ . K828.3

中国国家版本馆 CIP 数据核字第 20240YV381 号

言传：十位手工艺大师的访谈录
YANCHUAN：SHI WEI SHOUGONGYI DASHI DE FANGTAN LU

沈旭炜　沈华鸣　著

出 品 人	郑英龙	
策划编辑	沈　娴	
责任编辑	费一琛	
责任校对	刘　颖	
封面设计	观止堂 _ 未氓	
责任印制	祝希茜	
出版发行	浙江工商大学出版社	

（杭州市教工路 198 号　邮政编码 310012）
（E-mail：zjgsupress@163.com）
（网址：http://www.zjgsupress.com）
电话：0571-88904980 ，88831806（传真）

排　　版	浙江大千时代文化传媒有限公司	
印　　刷	浙江海虹彩色印务有限公司	
开　　本	710 mm × 1000 mm　1/16	
印　　张	18	
字　　数	267 千	
版 印 次	2024 年 12 月第 1 版　2024 年 12 月第 1 次印刷	
书　　号	ISBN 978-7-5178-6201-7	
定　　价	128.00 元	

杭州"工艺美术大师带徒学艺"第一轮项目拜师仪式（杭州工艺美术博物馆供图，摄于 2013 年 1 月 11 日）

杭州"工艺美术大师带徒学艺"第二轮项目满师结业仪式（杭州工艺美术博物馆供图，
摄于 2022 年 7 月 12 日）

杭州"工艺美术大师带徒学艺"第三轮项目拜师仪式（杭州工艺美术博物馆供图，摄于 2022 年 7 月 12 日）

杭州"工艺美术大师带徒学艺"
第一轮项目

萧山花边组师徒教学（左起：王丽华、娄银燕、赵锡祥、范晓玉、施晨吉。摄于 2016 年 6 月 1 日）

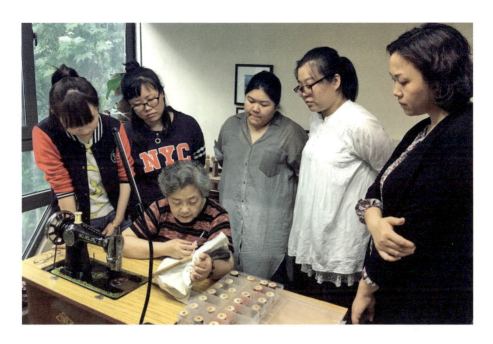

机绣组师徒教学（左起：冯惠婷、何琦、王文瑛、吴宜璐、倪砚倩、王艳俐。摄于 2016 年 6 月 1 日）

陶瓷组师徒教学（前排左起：徐周萍、嵇锡贵、张爱青。后排左起：甄景虎、陈兴圆、周明明。摄于 2013 年 12 月 13 日）

手绣组师徒（前排：陈水琴。后排左起：王梅、赵一菲、油志超、陆蕾、周秀萍）

铜雕组师徒（左起：杨飞、毛芸艳、朱炳仁、沈薇、陈政宏、王志坚。摄于 2017 年）

杭州"工艺美术大师带徒学艺"
第二轮项目

手绣组师徒教学（左起：金冬、金家虹、任佳樱、高丽红。摄于 2020 年 7 月 2 日）

木雕组师徒（左起：苏中晓、吴明亮、郑胜宁、罗媛。摄于 2021 年 7 月 6 日）

陶瓷组师徒教学（左起：嵇文涛、郭艺、余天、单思美。摄于 2021 年 10 月 12 日）

扇艺组师徒教学（左起：方银滨、孙亚青、项楷祥。摄于 2019 年）

铜雕组师徒教学（左起：廖鑫亮、张薇、朱军岷、王坚。摄于 2019 年 11 月 18 日）

杭州"工艺美术大师带徒学艺"
第三轮项目

鸡血石雕组师徒教学（左起：夏琳璐、钱高潮、张龙元、王辽鸽。摄于 2022 年 9 月 22 日）

手绣组师徒教学（左起：杨馥祯、金家虹、吴珊珊、何静。摄于 2023 年 11 月 8 日）

扇艺组师徒教学（左起：顾鹤丽、何嘉欣、孙亚青、刘金彩。摄于 2024 年 5 月 11 日）

陶瓷组师徒教学（前排左起：周玉秒、金国荣、李莲莲。后排：凌征善。摄于 2024 年 5 月 23 日）

玉雕组师徒教学（前排左起：李飞、倪苗苗、翁祝红。后排：温东超。摄于 2024 年 5 月 10 日）

序

　　习近平总书记长期关注和十分重视中华优秀传统文化的传承和发展工作。他在浙江工作期间擘画的"八八战略"提出，要"进一步发挥浙江的人文优势，积极推进科教兴省、人才强省，加快建设文化大省"。2005 年 5 月 4 日，习近平同志对省政协文史委《关于浙江民间手工艺保护、开发和利用情况的调研报告》专门做出批示："浙江的民间工艺是祖国艺术宝库的奇葩，应注意保护与传承。在文化大省建设中要加强这方面的工作。"2022 年，习近平总书记在中共中央政治局第三十九次集体学习时强调，中华优秀传统文化是中华文明的智慧结晶和精华所在，是中华民族的根和魂，是我们在世界文化激荡中站稳脚跟的根基。同年 12 月，习近平总书记对非物质文化遗产保护工作做出重要指示："要扎实做好非物质文化遗产的系统性保护，更好满足人民日益增长的精神文化需求，推进文化自信自强。"习近平总书记在不同场合的深刻阐释，以大历史观贯通大文化观，充分彰显了新时代中国共产党人运用中华优秀传统文化开辟中国式现代化新征程新境界的深度自觉与高度自信。党的十八大以来，在以习近平同志为核心的党中央的引领下，中华优秀传统文化的传承发展取得了历史性成就，一幅古今辉映、气势恢宏的中华民族文化新长卷正徐徐展开。

浙江是我国文化资源大省，有着极为丰富的传统手工艺文化资源。在习近平文化思想的指引下，沿循"八八战略"总蓝图，为持续推动联合国教科文组织全球创意城市网络"工艺与民间艺术之都"建设，助力打造世界一流的社会主义现代化国际大都市，杭州于2012年9月正式启动"工艺与民间艺术薪火传承计划——工艺美术大师带徒学艺"活动（以下简称"大师带徒"项目）。在省委、省政府以及市委、市政府的坚强领导下，在杭州市委宣传部（杭州市文化创意产业发展中心）、杭州市经济和信息化局、杭州市园林文物局、杭州市京杭运河（杭州段）综合保护委员会、杭州市运河集团等主办部门的大力支持下，杭州工艺美术博物馆（杭州中国刀剪剑、扇业、伞业博物馆）（以下简称工美馆）作为具体承办单位，全程参与并见证了"大师带徒"项目的起步、成长、充实和拓展，从政策、场地、资金、人力、活动、宣传、研究等各方面予以积极支持和全力保障。项目尤其得到了高而颐、吴祖熙、都一兵3位工艺美术专家的长期指导和关心帮助，特此表示真挚感谢！

在社会各界人士的呵护关心和参与项目的大师们、徒弟们的共同努力下，"大师带徒"项目至今已开展3轮，前后共持续12年。首轮项目（2012—2017）和第二轮项目（2019—2021）均已顺利完成。第三轮项目于2022年启动，目前正在进行中。项目涵盖萧山花边、机绣、陶瓷、手绣、铜雕、鸡血石雕、木雕、扇艺、玉雕等9个传统手工艺门类，邀请赵锡祥、王文瑛、嵇锡贵、陈水琴、朱炳仁、钱高潮、金家虹等7位中国工艺美术大师，以及郑胜宁、郭艺、孙亚青、金国荣、翁祝红、朱军岷等6位浙江省工艺美术大师，负责传统手工艺的教授与传承。项目面向全国，经多轮遴选，共招募到53位正式徒弟。其间，面向社会开设5个短期传习班，每期25人，共培养了125名学员。通过项目培育和孵化，截至2024年1月，在53名徒弟和125名学员中已产生3名浙江省工艺美术大师、15名杭州市工艺美术大师；7名区级非遗传承人；5名高级工艺美术师、21名中级工艺美术师；1名杭州工匠、1名浙江财贸工匠；1名浙江省陶瓷艺术大师等。这些徒弟和学员荣获各类工艺美术奖项200余个。

在历史长河中，灿烂辉煌的中华文明积淀了厚重底蕴，焕发着自强不息、厚德载物的精神力量。"大师带徒"项目持续地、艰辛地开展，为杭州这座历史文化名城和创新活力之城源源不断地注入了这股"自强不息、厚德载物"的中华力量。"大师带徒"项目所蕴含的师徒之道，既是一种延续千年的中国传统教育方式，又成为国际文明交流互鉴中一种可以无障碍沟通的对话方式，永远镌刻在中国大运河成功申报世界文化遗产、G20杭州峰会、杭州亚运会等重要历史时刻之上。

一位大师就是一个时代。本书以"师带徒"为线索，首次完整地记录了杭州"大师带徒"项目中部分大师的心路历程。在大师们的热心支持下，本书还首次公开了很多珍贵的历史老照片，这些照片记录了往昔的点滴。我们希望读者能够通过这些文字、照片，读懂中华大师，读懂大师的故事，读懂大师的时代。

传统手工艺，既是中华文明生生不息的重要载体，也是文明交流互鉴的集中体现。在中国式现代化的前进道路上，唯有立足民族审美，尊重传统本源，方能唤醒文化自觉，实现文化自信自强，以共同营建更舒适、更美好的生活，共同打造属于中国人的精神文化家园。

是为序。

杭州市园林文物局党组书记、局长

益减弱，再加上现代工业流水线的高效复制模式对传统手工艺市场的冲击，一些宝贵的手工技艺正在悄然淡出人们的视线。面对这一现实挑战，工美馆从建馆之初，便自觉肩负起传承和弘扬中华优秀传统文化的历史重任，始终秉持"专业特点、杭州特色、运河特征、平民特性"的发展定位，不仅使传统工艺焕发出了新的光彩，更成为全国乃至全球工艺美术保护、传承、利用领域的重要窗口、关键平台和主要桥梁。

为了更好地传递技艺、传播故事、传承文脉，工美馆以"人"与"制作"为核心，以全活态展陈方式对传统手工艺进行集中的保护性生产。2011年，工美馆在二楼开设了与三楼静态展览相呼应的"大师工作室"。2012年，创全国之先，推出"大师带徒"项目，在全国范围内公开招徒。工美馆将分散于社会的工艺美术大师、非遗传承人、代表性人物等进行集中整合，打造一个集保护、交流、展示、传播功能于一体的复合型平台。

在为工艺美术大师提供一个可以集中展示、活态传承的物理实体空间的基础上，我们特别策划并编撰了《言传：十位手工艺大师的访谈录》。本书将散落在不同年代、不同行业的默默耕耘的手工艺大师们的故事汇集成册，旨在打造一个可以集中展示、活态传承的文化精神空间。本书涉及参与"大师带徒"项目的部分工艺美术大师，他们或专注于石雕、木雕、玉雕等硬质材料的打磨，或擅长机绣、手绣等软性材料的创作，抑或是精通陶瓷制作、扇艺制作、铜艺制作等复杂而精细的工艺流程。尽管他们各自从事的具体门类不同，但所有的工艺美术大师都拥有一个共同的特点，那就是对传统技艺近乎痴狂的热爱，以及愿意将毕生所学无私传授给后来者的高尚奉献精神。

本书通过自然对话的形式，力求全方位地展现每位大师的既往经历、艺术追求、创作理念及其对行业未来发展的思考。同时，书中还收录了大量的实物图片、老照片等珍贵资料，涵盖了大师们的代表作品、教学现场、成长经历等，希望以此为读者提供一个更为直观的场景带入。本书不仅仅是对大师个人故事的汇编，它更像是一部浓缩版的当代中国手工艺发展史，透过不同门类手工艺人的时代足迹，映射出各个时期的共有风貌，使我们能够清晰地洞察手工艺行业如何随着社会变迁的步伐，逐步演变至今。与此同时，通过这本书，我们也真诚地向全社会发出呼吁：保护传统文化，推动本土创新，增强文化自信，不应仅仅停留在理论层面，而是需要每一个人都行动起来，用实际行动去发现传统美、创造时代美、传播未来美。

最后，通过携手努力，我们殷切希望每一项濒临失传的传统手工艺都能够焕发新生，为中华优秀传统文化的创造性转化、创新性发展注入更多的活力和动力。同时，我们也满怀期待，渴望有更多的同道中人，尤其是年轻人，能够加入到这场关乎民族自豪感与全球影响力的手工实践中来，在新征程上共同书写中国式现代化的传统手工艺新篇章。

杭州工艺美术博物馆（杭州中国刀剪剑、扇业、伞业博物馆）

书记、馆长

目 录

王文瑛

飞针走线时人会，两边文绣却还稀

中国工艺美术大师　王文瑛

　　王文瑛，女，1944 年生，浙江杭州人。亚太地区手工艺大师，中国工艺美术大师，也是唯一一位缝纫机刺绣的中国工艺美术大师，杭州机绣省级非物质文化遗产代表性传承人，浙江工匠，杭州工匠；第六届中国工艺美术大师推荐评审委员，第八届中国工艺美术大师杭州地区推荐评审委员，第四届浙江省工艺美术大师评委，第一届、第二届杭州市工艺美术大师评委；首批杭州市传统工艺美术重点保护品种和技艺评审认定工作小组成员，浙江大学城市学院创意与艺术设计学院"创意导师"；《中国工艺美术全集·浙江卷》学术委员会学术顾问、委员。2024 年荣获浙江省工艺美术行业终身成就奖。她从事机绣技艺创新研究六十年，造诣颇深，具有融画理绣艺于一体的艺术风格。1977 年率先将分劈双径线与长针针法结合，为机绣双面异色绣工艺的发展开辟了崭新的道路；首创机绣动物写真绣；创新运用多种针法的有机结合，为杭州机绣这一独有绣种的形成和发展起到了承上启下的作用。尤其是她于 1983 年独创的缝纫机刺绣最高难度技法——双面异色异物绣技法，至今在机绣领域中保持独一无二的地位。现为杭州工艺美术博物馆大师工作室入驻大师。

访谈地点： 杭州市拱墅区小河路334号杭州工艺
美术博物馆二楼机绣大师工作室

访谈时间： 2023年6月13日（周二），下午

访谈时长： 1小时51分54秒

访谈对象： 王文瑛

访谈人员： 沈旭炜

访谈内容：¹[1]

沈旭炜： 王老师您好，非常感谢您抽出宝贵的时间从家里过来。想问一下，您从事机绣一共多长时间了？

王文瑛： 60 年了。

沈旭炜： 最早是什么时候开始做这个的？

王文瑛： 是从 1964 年开始的，那时候我 20 岁，现在已经 80 岁了。我一直做机绣，在此之前还做过绒绣，基础打好了。

沈旭炜： 比较顺手的。

王文瑛： 对，基础打好了做起来就有把握。

沈旭炜： 您之前做的绒绣好像也是手绣，是吧？

王文瑛： 绒线绣。（注释：绒绣，又叫绒线绣，也是用手绣的）

王文瑛： 我的老师是高婉玉，她在上海，我要去那里学习。她是第一届中国工艺美术家，后来被改称为中国工艺美术大师了。

沈旭炜： 您是被派到那边去的？

王文瑛： 派到上海工艺美术研究室，地点在汾阳路。

刚进入杭州工艺美术研究所时的王文瑛（摄于 1960 年）

---

1 本篇文字内容基于访谈整理，并经过王文瑛老师的较大幅度调整。本文注释内容均由王文瑛老师亲自撰写。文中所有照片均由王文瑛老师提供。在此，向王文瑛老师表示诚挚的感谢。

沈旭炜：这些经历听起来蛮有趣的。王老师，当时您还不到 20 岁，能不能再分享一些那个时候您学习绒绣的经历，或者说，对您来说印象比较深的一些事情？

王文瑛：我做绒绣的时候，制作了一幅毛主席像，照片也有记录。上次这里（工美馆）展览的时候也展示过。

沈旭炜：这些照片蛮有意义的。

王文瑛：是有意义的。在学机绣之前，我通过学习绒绣，把造型与色彩的技术基础打好。这些是高婉玉老师教我的。

沈旭炜：高婉玉老师也是手把手教您的？

王文瑛：也是手把手教的。她在上海工艺美术研究室工作和教学，后来去了上海工艺美术学校。我们开始学风景绒绣，做了一幅作品——杭州饭店（注释：现在的杭州香格里拉饭店），这幅作品很大。后来又绣了保俶塔，到制作保俶塔风景的时候，绒绣材料没有了，原材料没有了。

沈旭炜：为什么会没有了？突然没的？

王文瑛：因为这个绒绣的材料是澳大利亚进口的羊毛。你看，现在毛线多得很。如果叫我回到过去继续那样做，我也愿意。其实，我对绒绣是相当喜欢的，原本打算做一辈子。

沈旭炜：能不能和我们也分享一些您跟高老师之间的故事？还记得吗？印象比较深一点的。

王文瑛：让我印象深的是，制作毛主席像的时候，她要求我们如何做如何钩线。我们绒绣的底布是麻布，上面有很多空格子，所以绣针是很粗的，通常一根针里可以穿 2 根毛线，但是我们要用分劈 4 种颜色的毛线合并穿进去，这样做出来的颜色才会更加丰富。还有就是有一次高老师来杭州，我陪她和刘佩珍老师去玉泉看大红鲤鱼。

沈旭炜：王老师，除了高老师之外，您还有没有向其他老师学习过呢？

王文瑛：在学绒绣之前，我还做了一年绸伞。

沈旭炜：是西湖绸伞吗？

王文瑛：是的，我做绸伞的时候，老师也是很好的。他是西湖绸伞的创始人，

王文瑛（中）与高婉玉老师（右）、刘佩珍老师（左）在杭州玉泉"鱼乐园"（摄于 1963 年）

绒绣《毛主席像》（左边为王文瑛，绣头像，右边为潘秀琴，绣服装。摄于 1962 年）

叫竹振斐。

沈旭炜：绸伞的制作也是在杭州工艺美术研究所里进行的吗？

王文瑛：也是在工艺美术研究所。竹老师想让我跟他学，但我还是喜欢绒绣。

沈旭炜：还是喜欢绒绣？

王文瑛：真的很喜欢，因为绒绣做出来的效果很好，近看模糊，远看立体。

沈旭炜：作品确实很漂亮。

王文瑛：远看嘛，很清爽，立体感很强。在我们绣的时候，针很粗，因此可以很流畅地拉起来。

沈旭炜：您现在还会绣吗？如果绒绣有材料的话。

王文瑛：会绣的，还是会绣的。而且我们去上海工艺美术研究室的时候，毛线都是自己染的，各种颜色都有，自己用煤炉烧水，染毛线。我星期天也不休息，要染毛线。

沈旭炜：自己加工？

王文瑛：将颜料放下去，搅动，再把毛线放下去，不好烧过头（注释：杭州话"烧过头"，意思是煮的时间太久），烧过头的话会卷掉。我们当时很用功，也不浪费时间。在上海学习的时候，来参观的外宾很多很多，休息的时候我们就抓紧时间学习染毛线，上班的时候就全身心地投入刺绣，来参观的外国友人一批接一批。

沈旭炜：那么之后您就开始做机绣了？

王文瑛：是这样的，因为绒绣的线买不到了。我们要服从领导分配，不是自己可以挑选的。领导就问我们喜欢做什么，研究所有很多工种，石雕、木雕、灯彩、绸伞，还有油漆、竹编等，总共有七八样。我一开始就喜欢设计，因为我喜欢画画。在进研究所之前，我曾去过横河桥绘画工艺社，在那里画过扇子。

沈旭炜：横河桥？（注释：杭州一地名）

王文瑛：那时候我们叫它横河桥绘画工艺社，几个月后，研究所把我招走了。刚才我讲的这些都是之前的事。我讲得啰唆了，你听起来也许会乱。

沈旭炜：没有，不乱的，还是蛮有趣的。您现在是大师，但想必当时也是一名徒弟。

王文瑛：那时候我是徒弟。

沈旭炜：就是有这么一个过程。

王文瑛：肯定是从徒弟过来的，对。

沈旭炜：您从徒弟到大师是一个自然而然的延续。

王文瑛：在绒绣翻篇后，不做绒绣也蛮难过的，后来我觉得做手绣太慢，还是做机绣。当时我们机绣室的各位老师技术也蛮好的，机绣的发展潜力也蛮大的。当时杭州有两个绣品厂，一个是红霞机绣厂，另一个是西子机绣厂，后来两个厂合并了，就叫杭州绣品厂。做机绣的话，开始要学设计，设计学了没多久就要跟机绣老师学习了。机绣老师还带我们去工厂指导，机绣厂里有很多工种，有设计、裁剪、绣花、整烫、成革。所有工序弄好以后呢，还要用心包装，运到进出口公司外销。杭州绣品厂在外销方面做得很好，在全国来说都很有名气。

沈旭炜：王老师，当时你们的作品基本上是外销吗？机绣作品和其他类工艺品，都是出口国外吗？

王文瑛：那时候出口较多的还是我们机绣。

沈旭炜：机绣多？

王文瑛：当时手绣的出口数量没有机绣多。我们杭州的机绣厂规模越办越大。我们有时候会到广交会（中国进出口商品交易会）去。

沈旭炜：广交会是从一九九几年开始的吗？改革开放以后吧？

王文瑛：大约是在一九七几年。（编辑注：广交会是从 1957 年开始的）

沈旭炜：那是比较早的广交会了。

王文瑛：对，广交会我们去的，而且我的双面绣作品《五条金鱼》也拿去了，拿到广交会去展览，做了很多样品嘞。当时我们的机绣搞得轰轰烈烈，机绣厂的产品大多数是供外贸出口的。在全国范围内，大家都称我们杭州的机绣叫"杭绣"，《杭州日报》也曾报道过。（注释：2004 年，相关部门在认定第一批传统工艺美术保护品种时，

王文瑛在广交会（摄于 1975 年）

把杭州的机绣和手绣都认定为杭绣。当时我作为专家委员会的成员参与了认定会议，当然这是后话了）因为机绣的销路好，我们还去农村铺点，去教，去辅导。我们在农村的一个点就有四五十个人嘞。有时候去一趟要连续驻点四五天嘞，教他们技能，要抓质量，产品都要挑选过。

沈旭炜：教他们的时候，学员是没有基础的，还是有基础的？

王文瑛：一开始都是没基础的，学员都是农民，但他们很想做。

沈旭炜：很想做。

王文瑛：做出来的产品都由我们研究所销售出去。

沈旭炜：学员没有基础也能做吗？

王文瑛：会做的，没有基础的话就做简单的东西，比如枕套、被面。

沈旭炜：哦，这些。那大概是什么时候，是一九八几年还是一九九几年？

王文瑛：是 20 世纪 70 年代的时候。当时我们机绣是两条腿走路，一边搞生产，一边做精品。从 20 世纪 70 年代到 80 年代搞了好几年嘞，具体年份我记不清了。研究所的领导也是这样要求的，让我们搞创作，去农村铺点，搞生产。

沈旭炜： 王老师，铺点是怎么写的？（注释：铺点，就是发展生产单位的意思）

王文瑛： 铺是这个"铺"，点是一个"点"，发展一个点，发展一个产业，一个地方发展一个产业，我们那时叫铺点。我们铺了好几个点嘞。

沈旭炜： 其实他们原来没有这个产业，相当于你们把这个技术传授给他们？

王文瑛： 农村里没有这个产业，但有劳动力。我们教他们，他们很用心地学。缝纫机也是他们自己买的。学员年纪大的有，年纪小的也有。

沈旭炜： 这些农村是在杭州吗？

王文瑛： 有的是在西湖区的袁浦，有的是在萧山区的杜家弄、塘郎孙。

沈旭炜： 塘郎孙，这也是个地名喽？

王文瑛： 地名，这几个都是属于萧山区的。

沈旭炜： 好的。

王文瑛： 还有一个地方在临安那边的山里面。

沈旭炜： 这也是工艺美术研究所领导的要求？

王文瑛： 对，工艺美术研究所领导要求我们去铺点。

沈旭炜： 当时也是为了帮农村。

王文瑛： 帮农村，帮农村发展，我们单位也算是扩大了铺点的项目。

沈旭炜： 扩大铺点项目，相当于去那边办厂。之后他们有收入，你们也可以丰富产品线。

王文瑛： 他们在农村增加收入，我们把他们做好的产品卖出去，他们也能分到一部分收入。

沈旭炜： 对。王老师，绣品厂后来就慢慢地缩小规模了吗？

王文瑛： 绣品厂是到靠近五堡、红五月村、七堡那边去铺点的，大家各自发展。当时销路非常好，机绣搞得轰轰烈烈嘞。

沈旭炜： 可后来为什么……

王文瑛： 后来为什么会被淘汰呢？因为社会在发展，人民生活水平在提高，产品的需求在变化。以前，在农村，一个人结婚的时候起码要两对枕套，另外还有绣花被面等。因为大家都需要，所以销路相当好。当时，我们还绣童被套、绣衣、缝纫机罩、窗帘等，绣很多东西，产品很多嘞。后来为啥不发展了呢？不需要被面了，大家改用被套了。再后来嘛，慢慢地，机绣厂也不做了，虽然还有个别人在做，但整体上已经开始衰落了。销路好的时候，设备也更新到了多头绣花机。比如10头绣花机，我们那个时候管它叫电脑绣，只要控制好一个头，这个头怎么绣，绣怎样一朵花，另外的头都被带动起来了，一样都出来了，花样都是一样的。这样一来，老式缝纫机绣就被淘汰了，社会上也不需要了，大家开始倾向于买块花布做被套，就代替绣的了。而我们做了欣赏品以后，就不想去做日用品了，因为日用品相对低档。

王文瑛：我的主要精力投在欣赏品的创作和研究上。我喜欢探索新的花样啦。所以，即便在机绣日用品被替代后，我还是坚持把机绣保留了下来。如果我没把单面绣、双面绣、双面异色绣以及我后来创新出来的双面异色异物绣坚持做下来，机绣可能就被全部淘汰了，淘汰了就没有了，所以后来有人建议我去弄非遗，让我去竖一面旗帜，把机绣这门技艺立起来。他说非遗的旗帜总是要我去竖的，我不去竖起来的话，后人怎么接下去。于是，"杭州机绣"就成了省级、市级非遗代表性项目。

王文瑛：讲到这张照片，那是我20岁时绣花的工作照。这张照片也不是我特意拍的，那时候工艺美术学校和我们研究所是在一起的，在艮山门坝子桥这个地方。坝子桥有个亭子叫凤凰亭。凤凰亭附近有一幢房子是我们研究所的，研究所在楼上，工艺美术学校在楼下。当时一位老师要给我拍张照，叫我坐着绣，他拍下了这张照片。如果不是他给我拍，我到现在也没有这张珍贵的照片。

沈旭炜：对，这张照片很早了，还蛮宝贵的。那个时候照片还蛮少的，真不容易。

王文瑛：是啊，就拍了这张照片。我真当（注释：杭州话，真的）是做了一辈子的机绣啦。机绣用的是缝纫机，绣的时候要用小圆绷，作

王文瑛做机绣（摄于 1964 年杭州工艺美术研究所在艮山门坝子桥时）

品必须在小圆绷的范围内完成。

沈旭炜：小圆绷？

王文瑛：对，竹绷，竹子做的。因为这个龙头（注释：杭州话，龙头有多种解释，这里指缝纫机的机头）的位置极为敏感，手一动就容易碰到，这样局限性就大了。绣的时候布料拉不开，换一个图案又得重新换绷子，形状不准的（注释：指容易影响形状）。为了确保造型正确，我要拿整本绣稿去比对。所以用小圆绷一绷一绷绣起来难度比较大，容易走形，比较麻烦。

沈旭炜：工艺美术研究所曾经在上天竺，对吗？

王文瑛：最早是在上天竺。当时的牌子是杭州市工艺美术科学研究所。我进研究所时就是在那里，所以我算是元老了。

沈旭炜：后来是搬到其他地方了吗？

王文瑛：是的，上天竺—坝子桥—解放路—中山中路—解放路—馒头山。

王文瑛与杭州工艺美术研究所的前辈与同事们合影（后排左起：竹振斐、陈建林、赵云英、李仰炎、陈宝林。前排左起：王文瑛、徐义祥、王利华、黄云楠、陈静芬。摄于 1962 年）

上天竺的地点不再使用了，研究所又移到了坝子桥。

沈旭炜： 王老师，工艺美术研究所对我们杭州工艺美术的发展贡献应该还是蛮大的吧！

王文瑛： 是的。

沈旭炜： 王老师，确实时间太有限了，能不能再给我们讲一讲关于工美馆的"大师带徒"的事情。您是怎么评价的？

王文瑛： 带徒弟的事情，是好的，是对的，是应该带的。对我们来说，面临着青黄不接的困境，现在

王文瑛（右）与师父王晴文在杭州工艺美术研究所门口（摄于 1965 年研究所在解放路时）

杭州工艺美术研究所（在解放路时）机绣室工作场景（外面靠窗为潘秀琴，旁边为钱惠君，里面靠窗为王文瑛，旁边为陈丹霞，后面站立者是参观的外宾，墙上是王文瑛钢针绣作品《延安春早》。摄于 1979 年）

人接不上来，我们的人数少，规模小，对吧？如果再不带徒弟，就会断档，技艺就会慢慢消失。我已经尽到力量了，别人叫我带，我肯定会带的。现在我希望省级工艺美术大师带徒，比如我希望吴敏华（王文瑛徒弟）带。我已经带了 10 多个徒弟了。这次"大师带徒"项目我只带 5 个，规定 1 个人只带 5 个。从 2012 年起，带了 5 年，面向全国挑选徒弟，我挑的都是杭州的。为啥呢？因为外地来的人要找旅馆，要住下来，到最后呢，是要离开的，所以我想要招杭州人，那么就定了招几个杭州人。这 5 个学徒呢，机绣是一点儿都不会的，从头学起。我手把手教他们。踩空车、踩停，空车要把它踩顺，线要装上去，不要断针，顺车踩好再装针绕线。然后从最简单的基本针法学起，一种针法学 3 个月，学好一种针法就让他们做出一件作品来。每个人做的作品都不同，从拉针、包钢、插针到乱针，开始做最小的，做了单面绣，再做

叶方达、王文瑛夫妇工作照（刊登于 1992 年 10 月 3 日《浙江日报》，题为"机绣'鸳鸯'"，摄于 1992 年）

双面绣，双面绣需要在玻璃上裱好，能从两面看的。双面绣做好以后呢，要做异色绣，即两面颜色不一样的绣品。异色异物嘛，他们为时尚早。前期做花鸟、风景，后期做动物。5 个徒弟每人做了一幅作品，其中最大的 2 幅是运河风景，还有 3 幅是花鸟作品。一共 5 幅，都捐赠给了博物馆。现在在王文瑛工作室里，吴敏华是浙江省工艺美术大师、杭州市级非遗代表性传承人，王艳俐、倪砚倩是杭州市工艺美术大师、区级非遗代表性传承人，都入选了"新峰计划"，所以我们"大师带徒"项目的成绩是巨大的，我们一直在进行创作。临近毕业时，我们为中国棋院绣了大型的十二生肖作品，动物的头主要由我做，身体由徒弟们做，吴敏华也绣了一部分。我们一共做了 16 幅作品，用了 4 年。虽然做出来了，但也没有宣传，所以外界对我们的工作并不太了解。

沈旭炜：王老师，您现在晚上或者白天还绣吗？

王文瑛：我现在晚上不做了，白天有时间就做。

王文瑛（左）与徒弟吴敏华在第二届中国工艺美术大师作品暨工艺美术精品博览会合影（摄于 2001 年 10 月 22 日）

沈旭炜： 眼睛吃得消吗？

王文瑛： 现在眼睛差多了，手也抖得厉害。描稿子要非常细致，所以速度慢了。前两年完成了两幅作品，你看这幅，一面是西湖风景，一面是孔雀牡丹，可以翻转观看，两面不一样，拼起来的。当时我想做两面一样的双面异色作品，后来太累了，就改变了主意。

沈旭炜： 明白了。

王文瑛： 说到联合国教科文组织，它的前任总干事伊琳娜·博科娃曾观赏我的双面异色异物绣《雷峰今昔》。她在我的作品前足足站了半个小时，我向她介绍怎么做这件作品，她还与我合影留念，《杭州日报》也进行了报道。看她很喜欢我的作品，博物馆就把我的一件《藤编小猫》作品送给了她。

沈旭炜： 哦，就是这张照片。

王文瑛： 第二年来的联合国教科文组织副总干事也和我拍了照。他拿着我的作品，跟我一起合影。他说我之前的作品至今还放在他们的办公室里呢。

沈旭炜： 确实，工艺美术在国外很受欢迎。外国嘉宾其实很喜欢中国的这些手工艺作品。

王文瑛： 我首创的《三熊猫》曾两次作为杭州市政府送给友好城市日本岐阜的礼品，都是我绣的。

沈旭炜： 其实，这些作品真的在提升我国对外形象上起到了很大的作用。

王文瑛： 是的，对。

沈旭炜： 王老师，今天耽误了您不少时间。最后，我们还想听听您的想法。与其他几位老师交流的时候，我们发现杭州工艺美术研究所其实在历史上对杭州的工艺美术发展起到的作用还是蛮大的，蛮明显的。虽然现在因为各种因素，研究所已经不在了，但是牌子可能还在，这个牌子如果把它重新挂起来的话，您觉得有没有意义？有没有这个可能？

王文瑛： 最好能够重新挂起来，这也是很有意义的，条件也是存在的。

沈旭炜： 我也希望可以挂起来。

沈旭炜： 谢谢您，王老师，今天确实打扰您太多时间了。

王文瑛： 没关系。

王文瑛大师作品《雷峰今昔》双面异色异物绣台屏（正面）

王文瑛大师作品《雷峰今昔》双面异色异物绣台屏（背面）

王文瑛大师作品《天下·狮》双面异色绣台屏（正面）

王文瑛大师作品《天下·狮》双面异色绣台屏（背面）

王文瑛大师作品《地戏脸子》双面异色异物绣台屏（正面）

王文瑛大师作品《地戏脸子》双面异色异物绣台屏（背面）

稔锡贵

九秋风露贵山开，夺得缠枝牡丹来

中国工艺美术大师　嵇锡贵

嵇锡贵，女，1941 年生，籍贯浙江湖州。亚太地区手工艺大师，中国工艺美术大师，中国陶瓷艺术大师，高级工艺美术师，首位越窑青瓷烧制技艺国家级非物质文化遗产代表性传承人，浙江工匠，杭州工匠。2002 年创立杭州市西湖区贵山窑陶瓷艺术研究室。曾任亚太地区手工艺大师及中国工艺美术大师评委，现任中国艺术研究院硕士研究生导师，浙江大学、景德镇陶瓷大学、浙大城市学院、浙江财经大学等多所高校客座教授，杭州贵山窑陶瓷艺术馆（西溪馆、富春馆）馆长。曾先后参与中南海毛主席用瓷釉下彩《梅竹》成套餐具（7501 餐具）和上海锦江宾馆国外元首餐具《麦浪滚滚》的设计制作，2016 年担任 G20 杭州峰会国宴用瓷的画面总设计师。其作品被中国国家博物馆、中国工艺美术馆（中国非物质文化遗产馆）、浙江省博物馆、苏州博物馆、杭州工艺美术博物馆等收藏，并多次作为国家礼品赠送外国领导人及其他宾客。2013 年被中国轻工业联合会、中国陶瓷工业协会授予"中国陶瓷艺术、设计、教育终身成就奖"。2019 年获中华非物质文化遗产传承人"薪传奖"。2023 年为杭州亚运会、亚残运会制作国礼作品，并在贵宾厅陈列。2024 年获中国轻工业联合会科学技术发明奖。

访谈地点：杭州市西湖区文二西路777号西溪湿
地河渚街C1-3号贵山窑陶瓷艺术馆

访谈时间：2023年7月6日（周四），下午

访谈时长：1小时39分20秒

访谈对象：嵇锡贵

访谈人员：沈旭炜、沈华鸣、吴冕

访谈内容：[1]

沈旭炜： 谢谢嵇老师，那我们开始了。

嵇锡贵： 好呀，有什么你们就尽管问好了。

沈旭炜： 嵇老师，很不好意思打扰您，这么热的天，这么宝贵的时间。

嵇锡贵： 你们也辛苦。

沈旭炜： 这个项目是 2012 年启动的，嵇老师，我早就听说过您的名字，今天有幸终于见到您本人。

嵇锡贵： 好的，谢谢。

沈旭炜： 嵇老师，我对这一块不是很在行，所以，如果有不妥之处，希望嵇老师多多包涵。

嵇锡贵： 没有，没关系。

沈旭炜： 嵇老师，刚刚沈华鸣老师介绍了"大师带徒"项目，从启动到现在，您是参与度很高的一位老师，您能先帮我们简单回顾一下这个项目吗？

嵇锡贵： 这个项目好像是 2012 年杭州市文化创意产业办公室先发起的。有一次，我们大家在一起聊天，杭州市文化创意产业办公室副主任陆政品和我们说，感觉学院里面毕业的学生动手能力弱了一些，如果可以像以前那样，师父带徒弟，那么学生的动手能力就会有所提升。这么聊起来，我们就觉得弄个"大师带徒"项目也很好。那个时候杭州市有 5 位中国工艺美术大师（以下简称国大师），

---

1 本篇文字内容基于访谈整理，之后得到嵇锡贵老师的润色调整。文中所有照片均由嵇锡贵老师提供，在此表示诚挚感谢。

最终这件事就让我们工美馆来操办。当时，杭州市文化创意产业办公室的领导很关心这件事情，工美馆也很热心，一直都在帮助促成这件事情，开始向全国发出招徒的通知。

沈华鸣： 2012 年，杭州评上了联合国教科文组织全球创意城市网络"工艺与民间艺术之都"，出台了相应的实施措施。"大师带徒"项目作为其中的一个重要措施开始启动，并向全国招徒。

嵇锡贵： 全国招徒，当时大师有赵锡祥、王文瑛、陈水琴、朱炳仁、我，5 个人。报考我们陶瓷组的人特别多。

沈华鸣： 对，陶瓷组的报名人数是最多的。

嵇锡贵： 当时我记得有 100 多人向我报名，但无论报名人数多少，最后都只能招 5 个。当时考试也很严格，要考素描、考色彩，有命题考试，还有面试。经过素描、色彩、艺考，刷掉了一部分人，最后留下 30 个，这仅仅是陶瓷这一块。这 30 个人需要提交他们的作品，然后我们再淘汰一批。

沈华鸣： 报名的时候，他们先把实物作品寄过来，我们根据他们的作品先淘汰一批，选出进入考试的，然后再进行考试。嵇老师，我记得一开始我们定的是 3 个名额。

嵇锡贵： 3 个。

沈华鸣： 后来您觉得优秀的人才太多，于是现场向领导申请，将名额增加到了 5 个。

嵇锡贵： 我说，学生这么优秀，100 多个只选 3 个似乎太少了，是不是？领导当时就答应改为 5 个名额。我们根据他们送来的画先淘汰一批，淘汰了将近 50%。

沈旭炜： 就是素描画喽？

嵇锡贵： 开始是他们自己送来的画，有素描，也有国画，还有带色彩的。我们根据他们的画进行淘汰，当时主要考虑招收浙江及周边几个省的学生。报名的学生中还有新疆的、内蒙古的，路太远了，我们觉得不大好。我们就在浙江及周边的几个省挑选了一下，淘汰了近 50%。再进行素描考试，我出的题目是最难的。因为人多，我出了个题目就是"自画手，两种姿态"。我们的画论里有一句话："画人难画手，画树难画柳。"因为手的姿态是有很多变化的，所以我就挑了一个最难的题目，画手的两种姿态。这是素描的题目。还有一个是色彩的，我选了一个字"秋"，秋天的"秋"，让他们用色彩来表现。这两样考完以后，最后还有面试。问一些问题，看他们答得怎么样。基本上就这样留下了5个。那个时候，工作室不在这里，在三墩。2012年学生来的时候还在三墩那个窑。后来这里建好了，我就带着5个徒弟，3个男的和2个女的，在这里跟着我学。

沈旭炜：金老师也是您的徒弟？

稽锡贵：金国荣不是这一批的。

沈华鸣：是这个项目之前的徒弟吧？

稽锡贵：对，我先生郭琳山也是国大师。金国荣，还有一个叫高晟，他们跟着我俩很多年了。（金国荣）叫我们老郭是师父，叫我也是师父。5个徒弟就跟在我身边，我是中国艺术研究院研究生院的硕导，他们其中又有人考取了我的研究生。当时考取的是陈兴圆、周明明、徐周萍3人，就是说，我的徒弟里面有3个考取了我的研究生。

沈旭炜：这样蛮好的。

稽锡贵：现在他们的学历都很高，本科毕业，又是研究生。我这里的小虎（甄景虎）、徐周萍是浙江省工艺美术大师（以下简称省大师），周明明、张爱青是杭州市工艺美术大师（以下简称市大师）。

沈旭炜：为什么在第二轮中，带徒弟的大师全部换成省大师了呢？

沈华鸣：是这样子的，第一轮结束以后，我们与主办方在筹备第二轮的时候开过讨论会，考虑是延续国大师呢，还是引入省大师呢，或者再找新的大师。当时主办方觉得第一轮的5种技艺和5位大师已经完成了一轮。如果第二轮能够找5种新的技艺和5位新的大师，那么传播的范围就更广了，有10位大师和10种技艺，在数量上能够扩大成果。

嵇锡贵（左）和郭琳山的作品出窑（摄于 2000 年）

沈旭炜：第二轮的覆盖面还是要广一些的。

沈华鸣：对，主办方还是希望覆盖面再广一些的，是这样一个想法。

嵇锡贵：2024 年要启动杭州市大师评审，现在评市大师的要求已经提高了，至少需要曾经获过一个国家级金奖。

沈华鸣：现在要求高了。

嵇锡贵：这两年因为疫情没有国家级工艺美术类评比，有些人也就只在省里获得一个奖状。

沈华鸣：一开始的时候，评选市大师好像是不需要国家级金奖的，是后来增加的，对吧？

嵇锡贵：小虎那批是不需要国家级金奖的。

沈华鸣：那时候还没有。

嵇锡贵：到了明明这一批就要求有国家级金奖了，要求高了。

沈华鸣：越来越"卷"了。

嵇锡贵：他们 3 年没有参加展览了，更不用说获得国家级金奖了。

稽锡贵（右）与郭琳山合影（摄于 20 世纪 70 年代）

沈华鸣：展览都没有办？

稽锡贵：对呀，就看市大师怎么评选，杭州市经济和信息化局怎么定。

沈旭炜：谢谢，稽老师，您刚刚提到"画人难画手，画树难画柳"，我们
　　　　对这个很感兴趣。您能不能跟我们分享一些类似的技法或者在传
　　　　承过程中积累的经验？

稽锡贵：这 5 个徒弟招到我身边来，我对他们是很严格的，不严格不行的。
　　　　首先，在制度方面，我就制定了我带徒的规矩，就是要上午 9 点
　　　　上班，下午 5 点下班，不能迟到不能早退，我很严的。

沈旭炜：是这样。

稽锡贵：他们开始有点不大习惯，有人经常往景德镇跑。我就问："是不
　　　　是景德镇有女朋友？所以经常跑。"他说没有。我说："既然没有，
　　　　那你来回跑对我们影响不好，我们要上午 9 点上班，下午 5 点下
　　　　班的。"他们开始不习惯，后来慢慢就好了。反正，我的规章制
　　　　度是要遵守的。

沈旭炜： 做规矩。

嵇锡贵： 对，不做规矩不行。如果这些年轻人不严格要求自己，就会变得自由散漫。这样怎么学东西呢？严师才出高徒，师父都不严格的话，怎么带得好徒弟？那徒弟不就是一盘散沙了，是不是？我对自己要求也很严格，要求 9 点到，我就准时 9 点到。

沈旭炜： 嵇老师每天也来这里？

嵇锡贵： 基本上都来，没有什么会议，没有什么事情，我基本都在这里。除了疫情期间，这里没开放，西溪湿地也没开放，我们就都在家里了。但即便在家，我也在训练他们，这个沈老师知道的，云上教学。

沈华鸣： 线上教学。

嵇锡贵： 他们画好东西后通过微信发给我，我在微信上看，我看过后就给他们指出问题。有的时候讲不清楚，我就自己在纸上画一个，再拍照发给他们，（和他们说）你这个应该要这样改，这样画，这对他们帮助很大。每个星期他们交 3 张画给我，通过微信发给我，我就替他们修改，好像还受到了联合国教科文组织的……

沈华鸣： 对，对。联合国教科文组织当时还特地报道了我们在疫情期间坚持云上教学的事情，官网还发了这个。当时也是杭州市文化创意产业发展中心跟我们沟通，我们就说老师坚持线上教学，他们特意把这个事情报到联合国教科文组织，于是这个事情在其官网上登了出来。

嵇锡贵： 那个时候，我就坚持云上教学。虽然有疫情，但也没有耽误他们学习，就是陶瓷做不成，只有在纸上画画。

沈旭炜： 就是在理论上学画了一些画，实际操作就难了。

嵇锡贵： 操作不了，一般在家里也没有拉坯机等设备，所以只能在纸上画画。别的话，我就出题目，牡丹开花的时候叫他们画牡丹，菊花开花的时候就画菊花。要他们写生是没办法的，就让他们自己找些资料临摹。我也发点照片给他们，他们跟着我学，我把牡丹的照片发给他们，让他们按照照片创作出一幅画来。我不记得有没有保

UNESCO   ENGLISH ∨ 🔍 👤

Crafts and Arts online classes in Hangzhou, UNESCO Creative City

📅 18/04/2020   ⏱ 1 min

Share this article ✉ 🔗

Description:

One of the seven ancient Chinese capitals, Hangzhou is a UNESCO Creative City of Crafts and Folk Art. Known for its diverse handicraft traditions, the city also highlights various creative facets through its silk and tea production, and porcelain and bronze sculptures. Recognized as the 'National Cultural and Creative Centre' by the Government of China, Hangzhou has transformed its secondary and tertiary industries through the development of its cultural and creative industries. Hangzhou's rich history and culture have proven to be particularly vital in this transformation that helped the city preserve its traditional craft industries.

Facing the current epidemic, Hangzhou has encouraged institutions and practitioners from various arts and crafts sectors to use their knowledge to carry out COVID-19 awareness raising activities, and to continue providing access to the city's traditional intangible heritage. These activities enable inhabitants to improve their knowledge on the ways to fight the virus while experiencing a positive and optimistic cultural life.

In this context, the Hangzhou Museum of Arts and Crafts has set up a series of online cultural courses titled *'Crafts and Arts cloud classroom'* dedicated to sharing the city's rich historic heritage. Through storytelling, the initiative aims to make inhabitants aware of the city's rich heritage and augments visibility and access to intangible cultural heritage through digital means. Followed by more than 30,000 people, the online classroom has been a great success. The Museum Studios, represented by the provincial Arts and Crafts Masters, have also created anti-pandemic themed works to improve awareness on preventive measures and promote a positive spirit.

In addition, the Hangzhou Arts and Crafts Association has launched the online learning project *'Master & Apprentice'*, that gives the opportunity to national arts and crafts masters from various sectors, such as woodcarving, pottery, porcelain, embroidery and bronze, to share their creative skills with the public. More than 1000 arts and crafts lovers have already subscribed to these videos.

Links

http://www.zgdjss.com/#!/app/main/introduction

联合国教科文组织官网报道"大师带徒"云上教学（2020 年 4 月 27 日，数据来源：https://www.unesco.org/en/articles/crafts-and-arts-online-classes-hangzhou-unesco-creative-city）

存他们发给我的画。每次我都发一个题目给他们，比如菊花，那么这段时间就画一批菊花。先是线描，勾白线或者勾墨线，要么是色彩，两样都要。根据照片，他们用线条表现出形态，再上颜色。他们开始颜色上不好，我就一步一步地教，告诉他们每种颜色要怎么上，后来他们都画得蛮好。

沈旭炜：也是一步一步教过来的。

嵇锡贵：我现在就是这样。我觉得"师父带徒弟"这个方法，对于工艺美术来说，尤其是传统工艺来说，是一条很好的传承途径。为什么这样说？我从我带的学徒身上可以感受到，他们刚从学校里出来，对传统技艺的理解并不深，学校里基本上教的是书本里的理论知识。到我们师父带徒弟呢，我们强调动手能力。在学校里，他们的动手能力不行，到我这里一定要动手。如果只是纸上谈兵，那有什么意思呢？因此，我开始就教他们5个人画新彩，新彩装饰是陶瓷彩绘中最容易的一种。我需要先看看他们在学校里掌握的基本功到底怎么样，我心里还没有底。于是，我让他们每个人拿一只茶杯，"你们在茶杯上画，用新彩颜料画"。他们刚开始的表现我并不满意，我没有办法，不得不教他们如何调色，如何打笔。我们弄陶瓷的笔不是一般的笔，所用的颜料也比较黏，因此在勾勒时远不如在国画纸上那般轻松自如。这个颜色要打上去，打上去像这样。（用手打笔）。这种技巧是要学的，他们不会。

沈旭炜：这样子。

嵇锡贵：（用手打笔），这样颜料就下来了，现在他们都会了。（用手打笔），打打再画，打打再画，这是一种传统的技法。但这种技法在学校里面是学不到的，我为什么对这些传统的东西如此了解呢？因为我是景德镇陶瓷美术技艺学校毕业的，现在叫景德镇陶瓷大学。那个技艺学校是我在初中毕业后考进去的，那个时候的学校老师全部是景德镇有名的老艺人，老艺人是手把手教的，所以我在老艺人那里学到了很多彩绘技法。现在的一些学校都不教这些技法，我就把这些传统技艺慢慢地教给他们。后来他们画得

中学时期的嵇锡贵

很好呀，徐周萍创作了一套名为《十二生肖》的杯子，一摆出来，人家马上就买了，还是一个新疆人买走的。（笑声）。所以我觉得，学院的老师理论知识教的比较多，我们大师带徒弟实践得多，要求徒弟手上的功夫学得好，这个是学院里面做不到的。他们深有体会，原来在学校里，有些老师连面都见不到，就让他们自己学，而在这里，我每天都手把手教他们，到现在还在手把手，是不是？他们怕我，我很严的。如果第一次教了没做好，第二次也没做好，第三次我就要发脾气了。（笑声）。小虎被骂得最多，现在小虎进步很快，是吧？

沈旭炜：确实是严师出高徒。

嵇锡贵：一定要严格。像在我们学校，中专的老师是当时景德镇有名的老艺人，他们都很严格。这个颜色怎么弄，这个笔怎么打，用什么工具怎么打，都说得很清楚。这些知识在学校的课本上是找不到的。只有通过师父带徒弟，手把手地教，口授心传，才能让他们

稽锡贵（前排中）与初中女同学合影

真正学会。"大师带徒"这个项目还是要继续做才好。但是呢，确实有点困难，经费也紧张，是吧？我们第一批还可以，但他们（工作人员）很辛苦，到时候就要催相关部门拨款。

沈华鸣：（笑声）。是的。

稽锡贵：所以，想要获得更多的资金支持，是比较困难的。

沈华鸣：我们现在特意做这个调研报告，就是希望把这些困难和这个项目的意义呈现出来，让相关部门看到，希望接下去能够继续开展几轮。（笑声）。我们是这么想的。

稽锡贵：你看，刚来的这些学生，他们画的作品又卖不了钱，谁要他们的作品，是不是？笔都不会打，怎么能画出东西来？至少前3年是这样。

沈旭炜：时间还是稍微短了一些，很多大师都反映了这个问题。

稽锡贵：3年是不够的。在我们那个年代，徒弟没有五六年是学不成的。旧社会带徒弟，前3年根本不让徒弟拿画笔。

沈旭炜：都是基本功。

稽锡贵：我早上还和人聊天，我的老师告诉我他年轻的时候是怎么当学徒的。他开始的3年根本没有动笔。他偷偷去看师父动笔，偷偷去看。

沈华鸣：偷偷去看。（笑声）。

稽锡贵：这3年完全是在为师父打工，买菜、打扫卫生、照顾小孩，起码3年。

嵇锡贵（后排右二）在景德镇陶瓷学院学习时的同学合影（摄于 1962 年 1 月 1 日）

沈旭炜： 跟技术没有任何关系。（笑声）。

嵇锡贵： 没有关系。那么这 3 年中，师父就会观察徒弟，看他们有没有发展前途，看他们有没有毅力，有没有恒心。有些人 3 年里天天帮师母带小孩，帮师母洗衣服，有些人就做不下去了，可能就不学了，是吧？有些人一心想要学师父的技术，再怎么苦都要跟着师父。师父画的东西呢，趁师父不在的时候，他偷偷去看，偷偷去琢磨。在那个时候，这叫"偷技"，现在不存在这个问题了。现在，我们的技艺是公开传给他们的，是不是？所以现在的徒弟是很幸福的。

沈旭炜： 环境比以前好多了。

嵇锡贵： 确实好多了呀。你看，我这些徒弟，我还给他们发工资呢。

沈华鸣： （笑声）。嵇老师还提供他们住宿。

嵇锡贵： 徒弟们跟了我好几年，我一分钱没收，他们还得用我的原材料，用我的时间，用我的水电费，用我的精力，是吧？我还要教他们技艺。如果不是他们，我都不想来这里。我在家里画点东西，画完卖掉，日子好过得很。为了他们，我每天要泡在这里，还要教他们。有的时候学得不好，我还会发脾气，这对我的身体也有影响的。（笑声）。是不是？所以，在经费方面，老师的辛苦费一定要给。

沈旭炜：这可能更多是一种精神上的安慰，慰藉，有点像辛苦费，确实是慰问性质的辛苦费。

沈华鸣：是的。

嵇锡贵：所以你看，现在我的徒弟中有的已经独立了。比如第一批徒弟，小虎去了工美馆，还有 3 个依然在我身边。

嵇锡贵：他们在我身边，看他们从学校毕业，看他们谈恋爱，看他们结婚，看他们做爸爸妈妈，整个过程我都看到了，是吧？他们就在我身边，就像我自己家里人一样，饭也一起吃。

沈华鸣：就像孙子、孙女。

嵇锡贵：对呀，和孙子、孙女一样，因为我比他们奶奶的年纪都大，是不是？我还发他们工资。他们要吃饭的呀，没有工资怎么吃饭？发他们工资，还要给他们买五险一金，这些都是我的养老钱，他们现在又赚不了什么钱。

沈旭炜：现在这些徒弟还没有开始独立吗？

嵇锡贵：这几年经济情况不好就更加不行了。春节期间，我们这个小卖部是开的，但一个春节下来没有卖掉一样徒弟的东西。

沈旭炜：嵇老师，这个工作室是属于管委会的吗？它有优惠政策吗？

嵇锡贵：我们这个项目第一轮的时候，杭州市委领导亲自给我们批的艺术馆和工作室，装修、水电等都是我们自己负责，租金也是不需要的，签了 10 年。现在 10 年已经过了，去年续签时，开始要我每年支付租金，后来，物业管理费也要我支付，原来一年是 22000 块，现在涨了近 1 倍，相当于一年物业管理费将近 5 万块钱，再加上水电费，以及艺术馆请人管理的费用，开支很大。因此，我说我在这里纯粹是为了这些徒弟。

沈旭炜：对。

嵇锡贵：不是为了这些徒弟，我就回家去了。但把这些徒弟打发到社会上去，他们能干什么？现在找工作不容易，是不是？他们这批人在我这里，起码能拿到 4000 块工资，还有五险一金。五险一金每年都在涨，一个人要 2000 块，一个月下来我要承担好几万块。这个驾驶员知道，我领退休金，退休金提出来后，就打到这个账号里给他们发工资。

沈旭炜：用退休金发工资？

嵇锡贵：是的，没有钱进来。我们哪里有钱进来呢？没有钱呀。

沈华鸣：是的。

嵇锡贵：是不是？昨天卖掉一件作品，明明、爱青都参与了，他们非常高兴。

沈旭炜：是高兴的。

沈华鸣：现在要养娃了。

嵇锡贵：今天又卖了一件作品，他们两个人又很高兴。这么快，我们一下子又……我们碰到好运气了。

沈旭炜：嵇老师，您现在的个展就办在这里？

嵇锡贵：就办在艺术馆里。

沈华鸣：旁边还有个艺术馆，待会可以去看一下。

嵇锡贵：对，待会儿可以去看一下。

沈旭炜：也就是说卖作品的话，除了这里，其他地方都没了，是吧？

嵇锡贵：没有，没有店面。

沈旭炜：就在这里？

嵇锡贵：对，来的也是些老客户，我们哪里租得起店面？租了店面，还要有个营业员，是不是？我都弄不来。

沈旭炜：小虎老师上次和我们说，他去直播了，听说网上直播一个月可以赚 2 万块钱。我说那别人可能看不中他，现在很多人网络直播的收入一天就能超过 2 万块钱，所以，他大概只做了一期，后面也做不下去了。

嵇锡贵：我们也弄过。

沈旭炜：也弄过？

嵇锡贵：之前沈薇帮我们弄的。

沈旭炜：就是那位铜雕的老师？她在做电商哦。

嵇锡贵：对，但一件也没卖掉。沈薇人还是蛮好的，帮我们做直播，沈薇还蛮能干的。

沈旭炜：我那天在手机上看到王星记的孙老师在直播，点进去看了一下。

沈华鸣：现在所有人都在做直播。

嵇锡贵：有没有人买呢？

沈旭炜：我估计比较难……

嵇锡贵：现在大家对这些不感冒呀。

沈旭炜：是的，它还是有一个特殊的渠道的，工艺品跟大众商品还是不太一样。之前我记得有位学徒提到，如果情况不好，就拿东西到景德镇去卖，那边渠道会更多一点，可能会卖得更好一些。

嵇锡贵：可能会，因为一般人买瓷器都去景德镇，是不是？但是也不方便，把东西拿到景德镇要委托人家帮忙卖，我们也不能长期在那里，也不好卖。我也去过景德镇，不好卖，真的不好卖。

沈旭炜：嵇老师，我们可能即将迎来销售方式的变革。学徒有压力，销售方式的转换也有压力。

嵇锡贵：对呀。

沈旭炜：除了这些，还有没有其他类似的困难？有没有更大一点的？

嵇锡贵：谈及困难，那是很多的。

沈旭炜：我是蛮疑惑的，您这边提到很多带徒弟的情况，感觉总体上是入不敷出的，不论从经济上还是体力上，我想问为什么您还在坚持做（带徒）这个事情？

嵇锡贵：也有很多人问我，他们说我还是一个人在家里好。实际上，我在家里做东西反而做得更好，就静静地在家里做，我自己家里也有电炉。

沈华鸣：自己家里有电炉？

嵇锡贵：自己家里买个电炉很方便，画好就可以烧，是不是？在这里，我跟学生们也是有感情的，是不是？还有一点，我也是为他们前途着想。既然他们走上了工艺美术这条路，我还是希望在这条路上把他们带得更好、更远、更高。这也是我的一份责任。既然他们叫了我一句师父，那么我就要把他们的路给带好，让他们做出成绩来，学到技术，是不是？所以每次我也会逼他们："下次我不管了，你们自己自负盈亏，你们的工资自己赚。"这也是在给他们敲警钟，是不是？我女儿说我这个人一根筋，（笑声），好像这个事情在我身上，我就一定要去做好。

沈华鸣：主要是有责任在。

嵇锡贵：主要还是一个责任感，再加上我身边这些徒弟都很好，很听话，学东西也学得很认真。平常单位里很多事情，他们都抢着做，是不是？所以你看这么好的人，这么好的苗子，我要好好培养。作为师父，我若不尽心，内心何以自安，你说是不是？所以这确实是一个很为难的事情。你看，我们这里评职称、评大师，我是盯牢的。

沈华鸣：嵇老师都是出钱出力，把路都铺好。

嵇锡贵：今年这一届省大师，我有8个徒弟评上了，我在全省也有很多徒弟。

沈旭炜：嵇老师，您在徒弟评职称或者评大师方面，主要提供哪些帮助？

嵇锡贵：我告诉他们，平常很多东西要积累下来，要留资料，比如说参加了什么展览，非遗进校园活动，培养学生怎么拉坯。这些都要留照片，是吧？还有一些发表过的文章，也要留照片。我尽量帮他们去找发表文章的机会，包括论文和作品，因为这些都是评大师时要用的。前年还是大前年，我组织了一场越窑青瓷师徒展。作为国内唯一的越窑青瓷国家级非遗传承人，我有来自绍兴、宁波、湖州以及杭州的徒弟们。一般人不太懂什么叫越窑青瓷，什么叫龙泉青瓷。一看到青色的就认为是龙泉青瓷，他们不会说这是越窑，那是龙泉。因此，我就下决心搞一个越窑青瓷的师徒展。（转身拿宣传图册）。

嵇锡贵：基本上我的每个徒弟都有作品呈现在师徒展上。有些是在工美馆学习的，有些是直接向我拜师的。这个是绍兴的，这个是浙江特

稽锡贵在人民大会堂参加中国轻工总会授予中国工艺美术大师称号大会（摄于 1997 年）

殊教育职业学院的，这个是上虞的，这个是湖州的。（拿宣传图
册向采访者介绍）。

沈华鸣： 李老师我们是认识的，短期班的时候她是不是来过？

稽锡贵： 对，她也捐了一件作品给博物馆。这个是慈溪的，评上了省大师。
这个是余姚的，这是上虞的。

沈华鸣： 稽老师的徒弟好多。

稽锡贵： 这个是宁波的，这个是余杭的，这是周明明，这是张爱青，这是
徐周萍，这是小虎。这个是绍兴的徒弟，陈国荣。孙威，慈溪的。
第一个是郭艺，郭艺是我的徒弟。后面都是徒弟的作品，前面是
我的作品。这个展览的影响蛮好。开幕式上，省领导以及省文化
和旅游厅的几个领导都来了。

沈华鸣： 这是哪一年办的，稽老师？

稽锡贵： 2021 年。

稽锡贵： 这个是"南艺"的一个教授——徐艺乙帮忙写的。我自己写的好

像是在后面。这些都是拜师的情况，拜师仪式。

沈华鸣： 稽老师参加了很多拜师仪式。

稽锡贵： 很多嘞。

沈旭炜： 不仅有我们工美馆的。

稽锡贵： 还有我自己的，这是工美馆的5个徒弟，这是第一批的。当时高部长、都一兵都参加了。

稽锡贵： 这个是……

沈旭炜： 亚太地区的？

沈华鸣： 稽老师也是亚太地区手工艺大师。

稽锡贵： 这是我先生，他去世了。

沈旭炜： 稽老师，这个遗址是不是在上林湖？

稽锡贵： 对，在上林湖，这是郭艺，这是我先生。这是上林湖的孙迈华，高部长也在上林湖。

沈旭炜： 我们的越窑遗址是不是只剩上林湖那边了？

稽锡贵： 不，遗址多嘞。

沈旭炜： 其他地方也有？

稽锡贵： 有，上虞、余姚，其实杭州也有的，这是邓白先生，美院的。

沈旭炜： 老先生。

稽锡贵： 对，老先生，他也是我的恩师。这是郭艺小的时候，她跟我学艺。

沈旭炜： 就这张照片？这很早了，那个时候是一九八几年？

稽锡贵： 1980年吧，那个时候我们在中国轻工业陶瓷研究所。当时，中国轻工业陶瓷研究所领导好像说，学技艺要从小开始学，所以定的年龄是13—16岁。年纪大了就学不进去了，所以在那个时候她到我们研究所跟着我学。后来，她又考取了景德镇陶瓷大学，又读了中国艺术研究院的博士。

沈华鸣： 现在郭老师很忙嘞。

稽锡贵： 我都见不到面。（笑声）。每个徒弟的作品至少有一件被浙江省博物馆收藏。

沈旭炜： 现在已经全部收到博物馆去了？

嵇锡贵：博物馆，每人一件，但他们展出的作品可不止一件。在相关的书
上是这样写的，省大师登两件，市大师登一件，一般的也就登一件。
因为，浙江省博物馆是国家一级博物馆，拿到一级博物馆的收藏
证书，评职称、高工之类的都有用。他们一人有一个浙江省博物
馆的证书。后来，工美馆我也弄了好几次徒弟的捐赠。（笑声）。

沈华鸣：（笑声）。嗯，全国展的时候。

嵇锡贵：对呀。

沈旭炜：嵇老师，当年邓老师也是一直手把手地指导您？

嵇锡贵：他是中国美术学院的，是我们国家的陶瓷泰斗。他也参与了《中
国陶瓷史》的编撰工作。他对我们的陶瓷艺术很关心。你看，我
每次参加活动，比如画一幅大型壁画，他会来现场指导。这张照
片是在当时的萧山瓷厂，有青花的绘制工作，他就指导我画青花。

嵇锡贵：出书也是我自己花的钱，我没有叫徒弟出钱。那些专门请来的远
道而来的客人的住宿、吃饭所花的钱，也都是我出的。师父不好
意思向徒弟收钱。

沈旭炜：这个就是传承。

嵇锡贵：传承的谱系中有邓白先生和我们两个。因为我先生去世得早，所
以这些传承人都在我的名下，就是这样。

沈旭炜：嵇老师，您的徒弟都在这里？

嵇锡贵：对，都在这里，分布在全省各地。

沈华鸣：这是嵇老师自己写的。

嵇锡贵：这是我自己写的，这几个字也是我写的，"秘瓷翠色"。

沈旭炜：嵇老师，那几个也都是您写的？

嵇锡贵：对，都是我写的篆体。

沈旭炜：字我是看到了，落款我没留意。

嵇锡贵：我们艺术馆门口的一排字也是我写的。

沈华鸣：嵇老师，门口的字也是您自己写的，贵山窑那个？

嵇锡贵：对，我在富阳也有一个艺术馆，现在那边在装修。

沈旭炜：在哪里？

向邓白先生介绍"陶艺人家"展上的作品（左起：郭琳山、邓白、嵇锡贵、郭艺）

嵇锡贵：在场口镇，那边也弄得还不错，我就让徒弟住在那里了，这样住在杭州每个月 4000 块钱的房租就可以省掉了。

沈华鸣：嵇老师真会帮他们。

嵇锡贵：他们的丈母娘去了，小孩去了，一家人都在那边。我和明明就两边跑，反正现在都有汽车。

沈华鸣：那边地大。

嵇锡贵：那边大多了，那边很大的。

沈旭炜：嵇老师，您方不方便给我们这几张照片？

嵇锡贵：这几张明明的电脑里可能有，需要什么资料跟明明联系，包括作品的照片，电脑里应该都有的。

沈旭炜：好的，我到时候跟明明老师联系一下，这个真漂亮。（笑声）。我也不懂，只能用漂亮来形容了。

嵇锡贵：这是国家给我的一张发明专利证书。

沈旭炜：国家的。

嵇锡贵：这个装饰技法在历史上是没有的，是我创造的。这个发明专利叫"越窑青瓷装饰泥刻划技艺及利用该技艺制作的装饰器皿"。我这个技法是可以用到生产上的，技艺发明专利是很难拿到的。

沈旭炜：嵇老师，越窑和龙泉窑要怎么区分？真的不好意思，我就像个门外汉。

嵇锡贵：你现在是不太清楚的。

沈旭炜：还有衢州……

嵇锡贵：金华是婺州窑，有陈新华，衢州也是婺州窑。

嵇锡贵：越窑青瓷的历史是最悠久的，早在东汉末年就已经形成了原始瓷，那时候已经有瓷器了。越窑青瓷在唐代达到顶峰。越窑青瓷还有一个称呼叫"母亲瓷"，就是几乎所有的瓷器，包括龙泉青瓷，北方的钧瓷、汝瓷，景德镇瓷器，都是越窑青瓷的子孙。中国是瓷器的发明国，瓷器是我们中国发明的，而中国发明的瓷器最早来自越窑。

沈旭炜：越窑是祖先。

嵇锡贵：对，它是祖宗，是最早的。中国人发明了瓷器，瓷器发明最早就在我们浙江，浙江的瓷器就数我们越窑青瓷。可以说，中国的陶瓷史，半部在浙江。浙江陶瓷史，最开始是越窑青瓷。所以越窑青瓷对人类瓷器的发展做出了巨大贡献。我的老师经常跟我们说，我们是手艺人，手艺人饿不死但发不了财。

沈华鸣：可能陶瓷技艺在行业里还算是一个相对比较好的技艺，我觉得其他技艺可能更加困难，像刚刚我跟沈老师提起的萧山花边，我觉得这类工艺可能更难传承。

嵇锡贵：萧山花边不像我们陶瓷可以成为一个独立的艺术形式，它要和生活日用品结合起来，（笑声），所以它只能做窗帘、桌布、沙发靠等，是没办法独立出来的。

沈华鸣：它一定要附着在什么东西之上，对吧？

沈旭炜：更偏向于日用品。

沈华鸣：对，像以前家里的沙发还用花边，现在都不太有了。

稽锡贵：也麻烦，是吧？窗帘可以用花边。不过，赵建忠（国大师）倒是做得很好，他也是做花边的。

沈华鸣：他是走出口的吧？

稽锡贵：他批量出口。

沈华鸣：批量出口哦，他都是机器生产？

稽锡贵：机器。

沈华鸣：手工是没办法做的。

稽锡贵：手工嘛，有时他自己做几件艺术品。所以这个是蛮难的。陶瓷无论大小，总是以一个独立的艺术形式存在，像木雕、石雕、刺绣都是可以的。所以，做手艺如果没有政府重视，那么这个手艺就是很难传的。比如，像我这些徒弟之所以能继续学，正是因为我在支持他们。如果没有我的资助，他们就要到社会上谋生，那么这门手艺可能就传承不下去了，因为这个是赚不了钱的。

沈华鸣：他们肯定会想其他渠道。

稽锡贵：他们就转行了呀，是不是？所以政府还是得重视。

沈旭炜：其实，我也是这个意思。

稽锡贵：我们的窑因为是在风景区里，所以开始的时候烧窑是用瓶装的煤气。

沈旭炜：现在是燃气？

稽锡贵：后来管委会说，瓶装煤气不安全，要求我们装管道煤气。装管道，我们申报、走程序都用了大半年。

沈旭炜：这里不涉及城市道路，就是园区内部吧？

稽锡贵：就在下面呀，我们管道是这样的，你可以看到的呀。

沈旭炜：还要这么多部门来？

稽锡贵：走程序。

沈华鸣：萧山金国荣老师那里好像也是……

稽锡贵：就在这下面，管道就在下面，挖了这么一点。后来这些绿化也重新布置上去，我们还花了1万块钱。这个都是明明在管，我不管，我只负责赚钱。（笑声）。

嵇锡贵大师作品越窑青瓷《红船精神千秋万代》

沈华鸣：他们啃老。（笑声）。

沈旭炜：明明老师在我们这边相当于助理？

嵇锡贵：他就是徒弟里的头儿。

沈华鸣：相当于嵇老师的助手。

嵇锡贵：所以我自己称自己是董事长，他是总经理。（笑声）。

沈华鸣：您就是董事长呀。

嵇锡贵：所以郭艺就笑我，嵇董。（笑声）。

沈旭炜：您要产业化的话，肯定需要公司来运营。

嵇锡贵：一定要公司。

沈旭炜：对，不然就没办法产业化。

嵇锡贵：如果我们没有公司，带徒的钱都转不进来，一定要公司。

沈旭炜：那其他老师都有公司？

沈华鸣：都有。

嵇锡贵：一定是要申请办公司的。

沈旭炜：这个没办法。

沈华鸣：不然转账都没法转，还要自己开发票。

沈旭炜：那还要和每个老师签合同？

沈华鸣：对呀，我们和不同的老师签不同的合同。签完合同以后，第一轮、第二轮还好，现在第三轮……嵇老师，市里面会审查这些资金的使用情况，嵇老师那时候经历的审计一样，延伸审计，怎么花出去的都要看，不光是我们的钱。

嵇锡贵：对呀，他们财务审计要把一张张发票对好。你看，办事情多难。我们开通这个管道，又不是我们要装管道的，他们一定要让我们装。这个审批，那个程序，这个途径，弄得我一年多没烧窑。

沈华鸣：我倒没想到管道煤气这么贵。

嵇锡贵：所以我的建议，如果要再带徒弟的话，一定要给老师辛苦费。

沈旭炜：哪怕是1万块或者2万块。

嵇锡贵：对，因为毕竟带徒弟要用工作室的水、电、原材料，什么都要用。有些水、电或其他类似的东西的发票是开不出来的，这个电

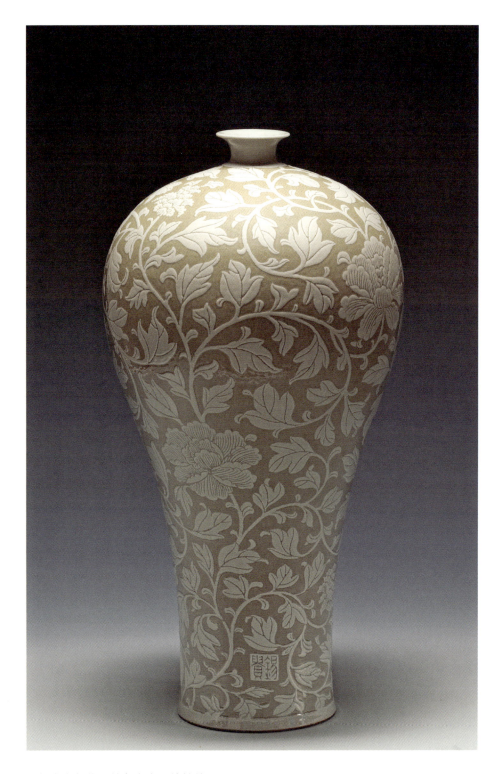

嵇锡贵大师作品越窑青瓷《缠枝牡丹》

言传 十位手工艺大师的访谈录

跟徒弟有没有关系，是说不清楚的，是不是？所以后来我也不想再带了，太麻烦了。徒弟要是听话还好，不听话吧……有个徒弟，他把保证书都写了，每天，我说："你远吗？9点半要赶到了。"他到10点多，甚至11点才来，赶来就吃中饭。我说："你赶来是来吃中饭的？"晚上很晚还不睡觉，打游戏，什么年轻人的花花世界，白天睡到10点多。

沈旭炜：睡过头了。

嵇锡贵：睡过头了，是天天这样的。他的保证书还在我这里，所以我就不留他了。年轻人追求夜生活，是不是？半夜弄到两三点钟，白天就是来睡觉的，一睡就到10点，那不行，是不是？所以我没留他。

沈旭炜：嵇老师，我还有一个问题，其他老师那边也碰到过这个问题，就是说，在教学过程中，学生会不会有自己的一些想法？

嵇锡贵：有的。

沈旭炜：他会自己……就像刚才您说的那个徒弟，可能在生活上放得比较开，有些徒弟可能在技术上也会有自己的一些想法，您是怎么处理这个问题的？

嵇锡贵：会的，我们爱青，他做的东西就不是我的这一套东西。

沈华鸣：爱青做造型比较多。

嵇锡贵：他有点偏向现代派。

沈旭炜：现代派。

嵇锡贵：我们虽然是传统工艺美术，但是也要接受新东西。现在年轻人的思想比我们要开放。在做现代派的作品时，他一定要把传统的技艺灌进去，既要有创新也要有传承。你看他这件作品，做得很好，博物馆就收藏了，新的，不用传统的内容。

沈旭炜：从传统技艺上来看，这个是偏现代一些。

嵇锡贵：是的，所以要允许他进行现代化，要有变化，这个我们要接受。

沈旭炜：这个变化主要体现在哪里？是线条吗？

嵇锡贵：它这个是越窑，我这个是影青刻花。这个是青瓷。它这个呢，就利用了我发明的技艺，表面有一层白泥的贴花，而我这个是在泥坯上进行雕刻。两件作品的装饰技法是两样的。两种手法。

沈旭炜：两种手法。

嵇锡贵：但效果还是蛮好的，是吧？

吴　冕：这种效果，嵇老师做了很多，这个就可以申请专利了。

沈旭炜、沈华鸣：嵇老师已经有专利了。

嵇锡贵：2019 年申请，到哪一年拿到的？

吴　冕：这样做效果是很好的。

嵇锡贵：2019 年申请，我是去年拿到的。

吴　冕：去年。

沈华鸣：3 年时间。

吴　冕：这个时间周期也是蛮长的。

嵇锡贵：对，刚好 7 月 1 日拿到，到 2022 年，也就是去年，长不？工作
　　　　人员需要调查这个专利在历史上有没有，他们要查很多的资料。

沈华鸣：这个不容易。

嵇锡贵：对，不容易，发明专利是难的。这些徒弟真的是蛮用功的，也
　　　　很好。

沈华鸣：待会我们可以去看看他们的作品。

嵇锡贵：对，你可以问问他们，采访一下徒弟也可以。

沈华鸣：那件作品不是在艺术馆有展出嘛？看一下可能更直观一些。

嵇锡贵：对，都可以去看看，他们获奖的作品都有，徒弟都在这里。

沈旭炜：好的，谢谢，谢谢。

（课题组暂停访谈，后去参观作品，又继续访谈。）

嵇锡贵：当时 G20 杭州峰会来挑选瓷器，我做了 3 套，没有名字，由工作
　　　　人员来挑选，就盲选，和我们买盲盒一样，就是这个意思。挑选嘛，
　　　　这不是说我运气好，我的全被选中了。

吴　冕：结果很好，3 套都要，大家在楼上可以看到。

沈旭炜：3 套全部被选上？

嵇锡贵：选上了以后还不算完，全部要送到北京。这个时候，我心里的石
　　　　头就落下来了。

嵇锡贵大师作品粉彩瓷瓶《梨花小鸟》

沈华鸣： 嵇老师那个时候真的瘦了好几斤。

嵇锡贵： 最后都入选了，因为有 3 个重要活动，一个是欢迎晚宴，一个是双边会议，还有一个金砖五国非正式会议。这是 G20 杭州峰会期间 3 个重要的活动。这 3 套分别用在这 3 个不同的重大活动上。我们中国是个瓷器大国，不能重复使用瓷器。

沈旭炜： 对，瓷器代表了国家形象。整个国家的形象就是这样一步一步慢慢地建构起来的。

沈华鸣： 嵇老师不容易。

嵇锡贵： 难的，很难的，很难的，很难的。

沈旭炜： 嵇老师，您是国家的功臣。

嵇锡贵： 从白天做到晚上 12 点，稍微睡一下，凌晨 3 点爬起来再做。

沈旭炜： 有心事吧，那个时候。

嵇锡贵： 不是。

沈旭炜： 有压力？赶时间。

嵇锡贵： 设计图是我用手一笔一笔画的，而不是用电脑设计的。

沈华鸣： 有些任务确实是很赶时间的。

嵇锡贵： 很急的呀。

沈华鸣： 都是这样的。

嵇锡贵： 一开始，他们还有点不大相信我这个老太婆，这么大年纪，我那时候 70 多岁了。他们就想，可能美院（中国美术学院）好点，就想让美院设计。

沈旭炜： 后来去找美院了吗？

嵇锡贵： 找了呀，他们后来把美院的和我的放在一起。那个时候的领导说："嵇老师，要不这样，我们成立一个国宴瓷画面设计小组，你就当一个头，指导美院来设计。"我说："美院牌子这么大，我怎么可以指导他们呢？不敢当，不敢当。"是不是？我就提个建议，美院也设计，我也设计，是吧？12 月上旬图纸拿出来，如果选中谁的，就由谁做，如果没有选中我的，我一句话也不说。

沈旭炜、沈华鸣： 哈哈。（笑声）。

嵇锡贵《麦浪滚滚》釉下彩大型宴会用瓷及奖状

沈旭炜：后来呢?

嵇锡贵：后来他说好的，也对，那么就分别设计了。到了 12 月 6 日，我的图纸拿出来了，美院没有图纸。

沈华鸣：为什么呀?

嵇锡贵：我也不知道是怎么回事，我不晓得，也不能去过问。实际上，美院在日用瓷设计上并没有经验。他们也查了一下，7501 毛主席用瓷（中南海毛主席用瓷釉下彩《梅竹》成套餐具）是我主创，锦江宾馆接待外国元首的餐具用瓷也是我做的……这个老太婆，还有点厉害。不好和她竞争，干脆就不弄，这样的呀。

嵇锡贵：来了，要么在这里坐一下，还是直接到楼上去坐，艺术馆?

（有客人进来，访谈终止。）

陈水琴

小窗依偎扑蝶影，一点一画听琴音

中国工艺美术大师　陈水琴

　　陈水琴，女，1946年生，浙江杭州人。亚太地区手工艺大师，中国工艺美术大师，中国刺绣艺术大师，高级工艺美术师，杭州刺绣省级非物质文化遗产代表性传承人，浙江工匠，杭州工匠。1964年进入杭州工艺美术研究所从事刺绣的研究和创作，1990年任天工艺苑绣品研究所所长，1999年创建了杭州陈水琴大师工作室。现任上海工艺美术职业学院、浙江金融职业学院特聘教授，浙江省文联特聘专家。她是全国工艺美术专家库成员，第六届、第七届和第八届中国工艺美术大师评委，首届中国刺绣艺术大师评委。她创作了双面绣、双面异色绣、双面三异绣，又创作了双面乱针绣人物肖像，风格自成一派。作品多次获得国家级大奖，多件作品被国际知名博物馆和国家级博物馆珍藏。2023年带领团队绣制杭州亚运会图标。她传承、发展了杭绣艺术，是杭州刺绣艺术的领军人物。现为杭州工艺美术博物馆大师工作室入驻大师。

访谈地点：杭州市拱墅区小河路334号杭州工艺
美术博物馆2楼手绣大师工作室

访谈时间：2023年6月10日（周六），下午

访谈时长：1小时29分06秒

访谈对象：陈水琴

访谈人员：沈旭炜、沈华鸣

访谈内容：[1]

沈华鸣：现在很多学校都邀请陈老师去上课。

陈水琴：是的，有上海工艺美术职业学院、浙江金融职业学院，我要去给学生们上大课。那里有 2 个徒弟单独拜师，今年又有 4 个徒弟拜师。

沈旭炜：单独拜师？

陈水琴：单独拜师。学校是给我报酬的，我必须对他们负责。现在我要去4 个地方要上课。浙江金融职业学院给我挂了大师工作室、非遗传承两块牌子。那里有个艺术学院，还有一个淑女学院。我这个人做事情就是一点一画的，他们如果喜欢学习刺绣，（笑声），我就会认真地教他们。

沈旭炜：陈老师，您每周都要去浙江金融职业学院上课？

陈水琴：为了不让我来回奔波，他们会集中安排，比如说这个月必须去多少时间。去的那一天每天上午 8 点半到中午 12 点上理论课，中午 12 点半到下午 4 点上专业课。专业课分教师和学生两个群体，前 1 个小时是给教师上课，后 3 个小时是给学生上课。

沈华鸣：沈旭炜老师是来调研"大师带徒"项目的，陈老师您能不能总结一下这个项目，以及您的感受。

陈水琴：我觉得我们第一轮是最认真的，时间是 5 年。在全国范围内招生，有几十个人报名，通过笔试、实操、面试，择优录取 5 人，而且举行了隆重的拜师仪式，各大媒体纷纷前来采访。第一轮的时候，

1　本篇文字内容基于访谈整理，之后得到陈水琴老师的润色调整。文中所有照片均由陈水琴老师提供，在此表示诚挚感谢。

我每天都来教他们。如果学生没到我先到，我就会狠狠地批评他们，要对他们严格。

沈华鸣：第一轮我们是打基础的，也是目前为止效果最好的一轮。

陈水琴：对呀，现在我们出成果了，第一轮评上省大师、市大师的学徒有好几个，是吧？在范围上，我觉得最好是招杭州地区的，否则，辛辛苦苦培养出来的徒弟回了老家，没有那种氛围，想再提高也比较难。我有一个男学生，油志超，他是5个学生中绣得最好的，我对他也很关心。我甚至说："你不要回山东，就留在这里，我给你找个女朋友，条件很好的嘛，有车有房，你留下来在我身边继续学习。"但是他家乡的传统观念是男孩子必须回去，所以他现在回到了老家。不过，他是真的热爱刺绣，依然坚持刺绣，没有放弃，我也在继续教他。每年他都会带着新作品来杭州参加展览并多次获得金奖。如果他留在杭州的话，起码能成为市大师了。

沈旭炜：刚刚有老师也提到了他，说他天赋很高。

陈水琴：天赋很好的呀，长得也很秀气，真是可惜了！我很同情他所承受的生活压力，我有业务会叫他去做一下。有时候人家要我做，我没时间做，就请他帮我完成。他基本功好，悟性高。手艺的东西，跟悟性很有关系。有的人一教就会，有的人再怎么教也做不好。特别是像我做的一些有灵气的作品，像人物、动物，如果学生没有悟性，你怎么教，他就这么一个水平，这也是一个让我很纠结的地方。我们并非有意保留技术不传授，我希望他们都能够学会，恨不得把全部技艺传授给他们，但是，有些经典的东西他们就是学不好，真的没办法。

沈旭炜：有些学生学得会，但不一定能够领悟到您的精髓。

陈水琴：对呀，他们看我做那么轻松，但真要他们自己做，却不知道从哪里下手。我是杭州工艺美术学校的首届毕业生，科班出身，技术比较全面，刺绣功底特别扎实。

沈旭炜：陈老师，工艺美术学校具体的名字能不能和我们说一下？

陈水琴：杭州工艺美术学校。

陈水琴在杭州工艺美术
学校留影（摄于 1964 年）

沈旭炜：是什么时候？

陈水琴：1960 年创办的，在艮山门的老城墙边上，在东边那一段，老城墙
　　　　的基地还在。我的老家在火车东站，那里是城乡接合部，那里的
　　　　居民都是菜农。我家里养羊，小时候我还到艮山门的城墙上面割
　　　　羊草，我是农民出身。

沈旭炜：现在回过去看，那个时候的风景应该蛮美的。

陈水琴：非常美，像我这一代人，如果写小说，会有一个很经典的故事，真
　　　　的。我有时候想，如果有时间，我想静下来写写我的人生。这一
　　　　生的经历，我觉得一定是个很精彩的故事。每次他们来采访，我
　　　　给他们讲一些过去的故事，他们都听得津津有味。

沈旭炜：陈老师，您有时间可以给我们口述，我们帮您整理。

陈水琴：好呀，这个可以。那时候我读书，家里兄弟姐妹多，我妈妈是那
　　　　个时代的"光荣妈妈"，生了 9 个，我是老大。在家里，我要做
　　　　家务、带弟弟妹妹，还要干农活，差点连小学都读不了，还好进
　　　　了杭州工艺美术学校。所以我说："从某种意义上是刺绣选择了

陈水琴与老师、同学在杭州工艺美术学校合影（后排左二为陈
水琴，前排右二为班主任吴引兰，前排右三为政治老师沈德驹。
摄于 1961 年）

我，我爱上了刺绣。一爱就是一辈子。"你们大概经历了最后一
段吃苦的时间，你是哪一年生的？

沈旭炜： 1984 年。

陈水琴： 1984 年，你也吃到一点苦。那时候能吃饱饭吗？

沈旭炜： 能够吃饱了，现在回过头来，像我的学生，他们这一代……

陈水琴： 他们没有这个概念，根本不知道什么是苦，不懂这个苦。他们有
时候跟我说苦，我说你们不要在我面前说吃苦，任何的苦我都吃
过。不过在我们那个时代没有就业问题，没有这种痛苦，这是他
们这代人的苦。现在就业，我觉得真的很"卷"。我们一辈子就
在·个单位里，不会是这个单位不好就换另一个单位。现在的年
轻人做两天就跳槽，要么是自己不喜欢，要么是人家不喜欢他们。
我回忆起自己的经历，还是觉得快乐，哪怕吃了苦，也值得去怀

陈水琴（右）和张金发师父（中）、同学鲁艺（左）合影

念，也不觉得苦，这就是人生有故事。现在我手把手地教他们，但当时我们的老师，一个班30多个人，没有这样手把手来教我们、给我们做。老师坐在那里，我们自己看，自己学。我们的老师是一位民间老艺人，就坐在那里管自己绣。上课的时候，我们不能讲话，他总是戴个老花眼镜，我们一讲话，他就这样，朝我们一看，我们就吓死了。我们上厕所要请假，"老师，我去上个厕所"。

沈旭炜： 不像我们现在写在黑板上，不是这样的？

陈水琴： 手艺是民间老艺人在教，文化课的内容是写在黑板上的。

沈旭炜： 有文化课？

陈水琴： 有文化课，语文、数学，包括代数、几何，这些都要学的。我们还有绘画课，我们学国画、素描、图案、速写、书法。

沈旭炜： 哇，这些课您都记得。

陈水琴： 我们的基本功都是很扎实的，所以学起来比较快。我们的绘画课

陈水琴绣毛主席像（摄于 20 世纪 60 年代）

陈水琴年轻时刺绣照

都是由美院毕业的人来教的。

沈旭炜：那个时候已经有美院了？

陈水琴：美院是浙江美术学院，浙江美术学院就是现在的中国美术学院，以前叫浙江美术学院，1949年前就有。

沈旭炜：那个时候请美院的老师过来教，同时也有一些民间艺人来授课。

陈水琴：它是这样的，师范大学毕业的老师做我们的文化课老师，美院毕业的绘画老师做我们的绘画老师，我们的专业老师则是请来的民间技艺最优秀的老艺人。那时候没有这个概念，编制什么的，都没有。后来研究所要招一个人，就要考了，但现在研究所也倒闭了，体制改革了。

沈旭炜：可能是在1990年或2000年的时候改掉了？

陈水琴：2000年改制，我们全部都改制了。

沈旭炜：陈老师，为什么要把研究所改掉啊？

陈水琴：这段历史很复杂，是一个很漫长的过程。那时候，我们的研究所集中了一批杭州市优秀的工艺美术人才，开设了很多专业，有刺绣、机绣、石雕、木雕、灯彩，还有泥塑、面塑，研究所把外地的老艺人都请进来，集中了一批优秀的民间老艺人，让他们带徒搞传承。我们在学校里是全面发展的，旨在培养新一代的工艺美术人才。学校把成绩最好的、发展最全面的学生留下来，要么留校做老师，要么留下来到研究所。我刚开始是留校的，后来第二届没有刺绣专业，不办了，我就调到了研究所，一直工作到研究所改制为止。因为那时候刺绣作品销路很好，再加上我们绣的这些实用品、欣赏品都好，所以都能卖掉。

沈旭炜：是不是出口多一点？

陈水琴：基本上是出口的。我们的作品有时候送外宾，有时候作为实用品，比如彩色的绸缎被面，这些都会销到北方城市。还有出口的台布，我们在电力纺（音译）面料上绣台布，那时候上海工艺品进出口公司都是向我们订货的。1990年到2000年，我们双面绣的销路是很好的。为什么要给我们改制呢？天工艺苑火灾，欠下很多债。

陈水琴（右图右一）接待安提瓜和巴布达总督及夫人参观杭州绣品研究所（摄于1999年9月30日）

　　　　　　　　天工艺苑烧掉了，这个事你知道吗？

沈旭炜： 知道，是其他老师和我说的。

陈水琴： 那时候你很小，在1994年，你1984年出生的话，那时候才10岁，没有概念。我那时候50岁不到，我一辈子的心血全部烧掉了。我们那时候把单位当成自己家，很多东西都放在单位，全部化为灰烬。我那时候想，老天要断我这条路，终止我的刺绣生涯。作品都烧光了，还能干什么？后来社会各界捐助，政府又重视，一个星期以后，我们马上恢复生产。

沈旭炜： 还有捐助？

陈水琴： 捐助，我自己都捐助了，那个时候我捐了2800块钱。一九九几年的时候，2800块等于多少？我先生问我怎么捐那么多？我说："你不懂，那是对单位的一种情怀，就捐出去了。"现在这个社会跟当时已经不一样了，当时我们对钱看得没有那么重，现在如果没钱，也是没办法的。我们这一代走到现在，这一辈子，经历了太多的大起大落。

沈旭炜： 陈老师，天工艺苑的事情发生以后，为什么研究所需要改制？

陈水琴：是这样的，当时研究所已经把我们的刺绣单独分出去了，因为我们这一块效益是最好的，所以，研究所让我们单独成立一个绣品研究所。研究所是事业编制，我们划到天工艺苑就变成企业了。

沈旭炜：天工艺苑是个企业？

陈水琴：企业呀，天工艺苑是前店后厂，门面是一个商场，里面有王星记扇厂、我们绣品研究所，还有石雕厂和戏剧服装厂。结果划归之后，我们跟着它一起倒闭。因为要强，我是坚持到最后的，那时我们一直是天工艺苑的企业中销量最好的。

沈旭炜：您这边有没有天工艺苑的老照片呀？

陈水琴：我的老照片很多，天工艺苑的我有。后来接见外宾的时候，天工艺苑重新造好了，又给我们弄好了。后来，我又迎来了辉煌时期。天工艺苑在1994年烧掉，1995年恢复，我又把绣品研究所恢复到最好。那时候，我们对单位就像对自己家一样。1997年，我成了杭州市第九届人大代表，任期5年，到2002年为止。在这期间，我不断地为工艺美术行业的现状提议案，争取政策支持。我们组里的人对我都很好，他们帮我一起写议案，争取市里对工艺美术的扶持政策。那时候财政厅专门拨出300万元，作为扶持杭州工艺美术的专项资金。其中100万元是直接给王星记扇厂的，因为它是百年老厂。王星记这一笔钱是专款专用，单独拨到它的厂里。

沈旭炜：王星记扇厂的总经理是孙老师吗？

陈水琴：是的，孙亚青。

沈旭炜：她好像也是人大代表。

陈水琴：她是后面一届的人大代表。我任人大代表时做的最有价值的一件事，就是为这个行业争取到了扶持资金，后来每年都有专项资金。我也为工艺美术研究所争取了一个很大的项目——《南宋杭城风情图》，在吴山城隍阁，展示在那里。

沈旭炜：现在还在吗？

陈水琴：现在应该还在。当时给工艺美术研究所拨的扶持资金是180万元，研究所从来没有得到过这么大的一个项目，我为它争取了。那时候工艺美术研究所面临倒闭，也搬到了天工艺苑。我是绣品研究所所长，上级部门又让我兼任工艺美术研究所所长，压力大得让我晚上睡不着觉。于是，我就去争取项目，为它争取到专项资金，启动资金也争取到了。研究所又有了新的进展。后来，工艺美术研究所又搬出了天工艺苑，成为独立的单位。

沈旭炜：现在这个单位还在吗？

陈水琴：倒闭了。但工艺美术研究所的这块牌子还是很有历史价值的。

沈旭炜：这块牌子到现在也没有恢复？

陈水琴：没有，一个单位被弄掉是很容易的，但是想要恢复却是很难的。

沈旭炜：陈老师，您觉得现在恢复杭州工艺美术研究所有没有这个可能？

陈水琴：现在上级部门已经在启动恢复杭州工艺美术研究所的计划了。我觉得，优秀的传统工艺美术必须要有政府的扶持，才能有序地传承和发展下去。我到台湾去参观考察，台湾有一个工艺研究院。他们的员工全部是公务员编制。每一个人都有一个很大的工作坊，可以进行个人研究，并能展示和销售作品。杭州是一座历史文化名城，又是联合国教科文组织认定的"工艺与民间艺术之都"，有3项世界文化遗产，我觉得杭州的优秀传统工艺美术也应该得到很好的保护！其实，我们的"大师带徒"项目也是原杭州市文化创意产业办公室副主任陆政品提出来的。但如今的一些培养计划，已经不像我们那个时候这么认真了，老师也不会天天跟紧学徒教学徒。现在的有些培训计划只是一种形式，教出来的人，到哪里去了都不知道。我觉得要有的放矢，哪些项目是有利于发展的就要认真对待。现在很多人都有一点浮躁，真的。像我们的手艺活，必须一个人专心致志地去做。不能今天到这里，明天又到那里，不然手上的技艺怎么提高？手艺活，必须要耐得住寂寞，守得住清贫，静得下心来！它也不是静止的，是活到老，学到老，到老了还要提升。我出了一本书，里面的作品都是我退休以后做的。所以有一句话说，60岁到80岁这个时间段是人生的一个重要飞跃期。因为到了60岁，你已经成熟了，正是出成果的时候。

如果这个时候还不努力的话，一辈子很快就过去了。现在，10 年转瞬即逝，时间好快，我真的觉得时间不够用。

沈旭炜： 时间过得真快。

陈水琴： 我把时间看得很宝贵。我很抓紧时间，现在每天晚上我强迫自己在 10 点半结束工作，不能做得太晚。

沈旭炜： 陈老师，现在您晚上还在做？

陈水琴： 是的，我每天晚上都做。

沈旭炜： 陈老师，您还在做作品，每天都在做？

陈水琴： 对啊，白天和晚上都做，天天做，这也是对他们的要求。我说："你们如果真正想学这个技艺，晚上也要做。"我这里有几件作品是 20 世纪 90 年代做的，全部都是在晚上做的。他们说："晚上的光线不行。"但我是习惯了每天晚上都做的。

沈旭炜： 像我们写材料，也是晚上写。

陈水琴： 我写东西，比如推文和链接，都是我自己写。我是晚上 12 点以后开始写的，写到凌晨两三点。比如说学生写的东西，我看了不行，就一字一句地修改。比如说写一篇推文，一段文字写好后，在文中哪里插照片，我都在推文中写清楚。我不弄电脑，太浪费我的时间了。我在手机上写好，发给徒弟，叫他们按我的格式做，然后他们排版，照片不行就重新排过，就是这样一点一滴地尽力做得完善。现在有些大学生写出来的文字还真体现不出要表达的真正含义。

沈旭炜： 我们能感受到。

陈水琴： 知识和技艺是一样的，需要不断地积累。我们那时候在学校里，早上起床自修，再去吃早饭，吃好早饭，上午 4 节课，下午 4 节课，晚上自修到 9 点，然后洗漱，熄灯，老师都是紧盯着的。那个时候老师也是很负责任的。只要你好学，有智慧，肯学，不浪费时间，那一定是最好的。我呢，也追求完美，所以活得累，但是也很充实。

沈旭炜： 陈老师，国大师的话，我们国家有没有相应的扶持政策？

陈水琴： 没有的，国大师只是一个头衔，一个名誉。办展览需要我们国大

陈水琴：我老家本来在江干区，现在江干区没有了，和上城区合并了。当地也有这个设想，但是这个事情需要跟当地协调，很费周折，所以我不想再折腾了。我就在工美馆的场地带带徒弟，在家里静静地创作新作品，去外面上上课，传播、传授杭绣技艺。

沈旭炜：这些协调太费力了。

陈水琴：现在如果有时间，我就静静地在家里做一些作品，力求使自己的作品成为传世之作。我的作品要么有人收藏，要么进博物馆。

沈旭炜：现在您应该有作品进博物馆了。

陈水琴：去年年底，浙江省博物馆收藏了我绣的一件作品。我最好的作品都被各类博物馆收藏了。我的三异绣作品，比如《憨甜》，就是一块面料上，同一个动物，正面是它酣睡的姿势，背面是它睁着眼的姿态。两面的画不同，颜色也不同，所以叫三异绣。这个难度是最大的，而且是很可爱的两只猫咪。我要去借现在被收藏的作品出来参展是很难的。一位收藏家非要收藏这件三异绣，我现在正在复制这件作品。

沈旭炜：蛮可惜的。

陈水琴：不过，作品毕竟是被收藏在博物馆里的，我的后人将来都可以看到。

沈旭炜：陈老师，今天能够拜访您，机会确实很难得。您能不能给我们讲讲您的梦想，关于非遗，关于工艺美术，关于手绣，您的一些愿望。

陈水琴：我从小就进工艺美术学校学习刺绣，一直尽心尽力，最终得到了全国刺绣界的认可。他们说："你是我们的偶像，我们是以你为榜样的，以你为标杆的。"我说："千万不要这样说，我们大家互相学习。"每次去外面参观展览，我都难以安心地欣赏展品，因为总是被一群人拉来拉去。"陈老师，你给我点评一下。""陈老师，你给我点评一下。"一直到最后结束，有时连拍集体照我都没赶上。这就体现了我的一个人生价值。

沈旭炜：您比较实在。

陈水琴：我是比较随和、接地气的。他们有时候说："陈老师，我们最喜欢听你讲话。"我说："我讲话太直接，容易得罪人。"他们说：

陈水琴大师作品双面三异绣台屏《憨甜》（不连框，正反面）

"你讲不要紧，我们都不敢讲。"

沈旭炜： 陈老师，能不能评价一下"大师带徒"这个项目？

陈水琴： 我觉得"大师带徒"这个项目很好。第一轮"大师带徒"是在全国范围内招生的，手绣组报名的人有很多。其实本来只能招 3 个，后来我和陶瓷组的嵇大师去提议，招 5 个，后来他们批准了，就招了 5 个人。因为"大师带徒"项目招生的范围很广，大家都知道，有的徒弟是不在名额之内的。现在我的很多徒弟是通过这个项目了解到我，来跟我学的，有好几个人跟我到现在。这里还有一个，跟我学了 10 多年了。

沈旭炜： "大师带徒"项目是谁推动的？

陈水琴： "大师带徒"项目是杭州市委宣传部倡议的，现在还在延续，第二轮，第三轮。

沈旭炜： 在"大师带徒"项目的第一轮中，我觉得老师认真，学生也认真。

陈水琴： 女孩子都喜欢，学的人多。所以对于来学的人，我还是蛮爱惜的，尊重他们的兴趣爱好。我也很认真地教，但他们不认真的话，我也是要批评的。

沈旭炜：他们对您的评价蛮好，教的时候很严格，还说您烧的菜很好吃。（笑声）。

陈水琴：他们馋死了，最好我烧给他们吃。我带他们的 5 年中，基本上每天都会烧一两盘菜给他们吃。

沈旭炜：像一家人，生活化。

陈水琴：我觉得学艺的话，必须要严。我对她们的要求是"耐得住寂寞、守得住清贫、静得下心来"。这也是我一生从艺的宗旨。不严的话，松松垮垮的，那怎么能学好？我说："你们啊，趁我还能教你们，抓紧学，以后你们想学，我教不动了。也许我不在了，你们看看我的东西，又看不会，（可能）也学不好。"在学艺上要严，在生活上把他们当自己的子女。

沈旭炜：即使现在有很多非遗项目，老的传承人把手艺全程录制下来，我觉得也是杯水车薪，还是要言传身教，才可以带好徒弟，并不是说我会一两项技术就可以。

陈水琴：你说得很对，有些手艺只有亲手做过才会有体会。我有一个徒弟，她很努力，是一个计划外的学徒。她学得很好，很认真。她也有条件，不用去挣钱，她就只管绣。

沈旭炜：女孩子？

陈水琴：女的，她年龄也不小了，快 50 岁。但她努力呀，她学的时候才 40 多一点。我在绣一个新东西，她闷声不响地录像，之后再看视频钻研。就是说，她要学，好学，所以也学得蛮好。这个"大师带徒"项目确实吸引了一批热爱刺绣的人来学习。

沈旭炜：您真是精力充沛。陈老师，您能不能再提一些我们手艺如何传承下去的建议呢？

陈水琴：现在我有固定的时间来带他们，开始我手把手教，包括上一个绷架，描稿，配线，从最基础的针法教起。这样才能打下扎实的基础。之后就是指点，哪里绣得不够精准，哪里颜色不够再加上一点。但有

陈水琴大师作品双面绣台屏《依偎》

陈水琴大师作品双面绣台屏《喵喵》

的地方如果他们真的处理不了，我也会坐下来帮他们修改。另外，我还要教他们绘画的理论知识，如何配色、运色，怎么勾线条，这些都是刺绣的必备知识。

陈水琴：我就是读书读得太少，因为我们那个年代家穷，没书读。毕业以后，我去了一所教师进修学院，就在现在的大塔儿巷。毕业以后，我就去那边读书，后来，20 世纪 60 年代的时候又中断了。

沈旭炜：确实，蛮可惜，时代的问题。

陈水琴：我就是觉得那时候读书读得太少，有时候写东西也费劲。我对他们写的东西要求高，要语言通顺，每个用词都要恰当。有时候我请他们中的大学生来帮忙，结果他们写出来的跟我想要表达的完全不一致，于是半夜三更我自己又进行修改，重写。

沈旭炜：陈老师，您是我们学习的榜样，到现在一直在学习。

陈水琴：我现在记忆力确实不好了，容易忘事。

沈旭炜：我觉得蛮好，您刚刚提到童年时光以及在工美所的经历，还有所学的那些学科，依然能很清晰地讲述出来。

陈水琴：小时候学的东西印象深，而现在学的记不住了。譬如，我看这本书，看过前面，再看后面，前面的都忘记了，得翻过去再看看。

沈旭炜：小时候的记忆确实更深刻。陈老师，时间差不多了，可能有些问题问得不够到位，还请您多包涵。

陈水琴：我觉得跟你聊天很随意，没有代沟。

沈旭炜：这也是因为您平易近人，大家都说您没有架子。

陈水琴：我比较随和，所以找我的人就多，事儿多。但是，一旦做事，我对每一件事情都绝对认真。

沈旭炜：谢谢陈老师，今天真的太感谢您了，谢谢。

陈水琴：不客气。

钱高潮

日出东方高山红，自有乾坤方寸中

中国工艺美术大师　　钱高潮

　　钱高潮，男，1956年生，浙江杭州临安人。中国工艺美术大师，高级工艺美术师，石雕（鸡血石雕）国家级非物质文化遗产代表性传承人，浙江工匠，杭州工匠。杭州市临安区昌化鸡血石博物馆馆长，G20杭州峰会元首国礼设计制作者，1985年回乡创办浙江省昌化石雕厂。现任中国珠宝玉石首饰行业协会印石专委会执行主任、中国工艺美术学会彩石艺术专委会副主任、浙江省工艺美术行业协会副会长、浙江金石篆刻专委会委员、杭州市临安区昌化石行业协会会长、杭州市临安区鸡血石研究会会长。从事昌化石雕、昌化鸡血石雕50余年，作品题材广泛，博采众长，形成了独特的石雕艺术风格。作品荣获中国工艺美术大师作品展、中国（浙江）工艺美术精品博览会等展览的特等奖、金奖30余次。

访谈地点： 杭州市临安区昌化鸡血石博物馆2楼
茶室

访谈时间： 2023年5月24日（周三），下午

访谈时长： 1小时21分59秒

访谈对象： 钱高潮

访谈人员： 沈旭炜

访谈内容：[1]

沈旭炜： 钱老师，您好。今天非常感谢您能够腾出宝贵时间接受我们的访谈。受工美馆委托，我们对"大师带徒"项目做一些调研，非常感谢您能够为我们提供宝贵的学习机会。我们将从弘扬中华优秀传统文化的角度对"大师带徒"项目进行梳理。您知道，这个项目在全国范围内具有首创性，而且已经实施了 3 轮。我们希望围绕这个项目向您做一个了解，有些做得不够到位的地方，请您多多包涵。钱老师，我们首先想问一下，您从事鸡血石雕行业多久了？

钱高潮： 50 多年了。

沈旭炜： 50 多年了，您是什么时候开始从事这个行业的？

钱高潮： 20 世纪 70 年代初，高中毕业。

沈旭炜： 麻烦您给我们介绍一下，您当时为什么会从事这个行业？

钱高潮： 我出生在鸡血石产地，从小就知道我们这个地方产这种石材，这是一种独特的资源。我们原来属于昌化县，如果一个县有其独特的特产，通常会以县的名称来命名。当时，临安县、昌化县中间还有个於潜县，一共是 3 个县，到了 1960 年以后，3 个县合并为临安县。在旧时，我们属于昌化县管辖，所以出产的石头叫昌化石。昌化石在宝石学（宝石、玉石、彩石三大类）中属彩石类，产于杭州市临安区昌化镇以西 50 多公里的龙岗镇上溪玉岩山，产地

---

1 本篇文字内容基于访谈整理，之后得到钱高潮老师的润色调整。文中所有照片均由钱高潮老师提供，在此表示诚挚感谢。

钱高潮在创作时的场景照（摄
于 1985 年）

海拔 1300 多米。昌化石开采和雕刻的历史始于战国，至今已有
2300 多年。昌化石是一种多矿物集合体，主要成分是迪开石和高
岭石。鉴赏时，先看石质，通常来说要具备"细、润、洁、腻、
温、凝"六德，铝和硅的含量决定了透明度和软硬度；再看石色，
如含少量致色元素锰，则呈紫色，钴则赋予其青色，铁和钛作为
深色染色剂，它们含量的多少决定了石色所呈现色彩的深浅程度，
各类矿物质元素相交共存。昌化石色彩斑斓，种类繁多，若昌化
石中含有辰砂，则为昌化鸡血石。它是昌化石中之精华，鲜红如
鸡血，晶莹似美玉，是中国国石之一，被誉为"国宝"，驰名中外。
昌化石品种丰富，可分为昌化鸡血石、昌化田黄石、田黄鸡血石、
昌化彩冻石、昌化巧石五大种类，共 200 多个品种。

沈旭炜：原来有这么一个来历。

钱高潮：我在那个年代就知道这种石材，这种石材很软，易于雕琢，也可
以刻印章、图章，甚至可以像粉笔一样在地上画画。我从小就接

触它，而且知道它的这些特性。外省的如福建，以及浙江的青田、杭州等地的雕刻厂都到我老家去买这种原材料。当时原材料的价格是一毛钱一斤，但不包括鸡血石。这么多原材料卖出去，人家把这些原材料拿去雕刻，变成工艺品卖。我们这个地方没有雕刻人才和技艺，因此培养我们本地的雕刻技艺人才成了最佳选择。所以在那个时候，当地选派了10个人到外地去学习石雕技艺，学了以后回到家乡发展雕刻技艺。我就是其中之一，那时我刚刚高中毕业，这可能与我从小就喜欢雕刻有关，我有这方面的天赋。

沈旭炜： 钱老师，当时您是昌化县或临安县政府选派的吗？

钱高潮： 公社，我们属于上溪公社，产这种石材的地域叫上溪。上溪公社的领导干部想到了利用这种本地的石材，通过对其进行雕琢，提升它的附加值，所以决定办雕刻厂培养一批本土雕刻技艺人才。

沈旭炜： 于是便选了一批年轻人去学习雕刻。

钱高潮： 卖原材料一毛钱一斤，雕刻成作品后价格可能翻几十倍。

沈旭炜： 当年也是公费吗？（笑声）。

钱高潮： 可以这么说，相当于现在的公费培养，计工分的，还有3毛钱一天的生活补贴。

沈旭炜： 去国外吗？

钱高潮： 没有，1974年，我在临安石料厂学习石雕技艺，那时候，学了以后回乡，在公社社办企业雕刻作品，其间又跟随公社聘请来的温州市工艺美术研究所的老师学习雕刻技艺，边学边教，大约持续了7年。

沈旭炜： 有7年时间。

钱高潮： 那个时期是计划经济时期，我们的石雕作品并不直接面向个人消费者，也没有成熟的私人收藏市场或流通渠道。那个年代，只有国营企业向我们公社的社办企业订购石雕作品，由他们出口到日本以及东南亚国家，杭州还没有，只有上海进出口公司有经销渠道。我们上溪公社社办企业利用本地资源办起了雕刻厂，我得以在这个平台上继续我的雕刻学习之旅，通过仿制文物作品来提升技艺。这些仿制品的原型大多来自上海进出口公司提供的佛像、罗汉像以及各类动物雕件样品。作品雕刻出来后，都是由上海进出口公司销售。后来订单没有了，到 1980 年就停掉了，大家解散回家。时隔不久，我又有一个很好的机会，就是省地矿厅对全省各地找到的矿物进行加工雕刻，确认利用价值，我受聘于省地矿厅矿物实验室，担任石雕师傅，负责传授雕刻技艺。

沈旭炜： 省地矿厅。

钱高潮： 省地矿厅准备培养一些雕刻的人才，让我去给他们传授一些雕刻技艺。当时，由于家乡的雕刻厂已经停办，我意外地获得了担任雕刻老师的机会。这对我来说，无疑是一个难得的契机。它不仅让我有机会继续施展并精进自己多年苦学的雕刻技艺，避免了技艺的荒废，更为关键的是，这份工作为我带来了稳定的收入。其间，我也去美院学习和进修，更好地接触外面的雕刻技艺，这让我得到了提升。其中，还包括地矿部领导的指导。

沈旭炜： 地矿部。

钱高潮： 对，我到了北京，雕刻技艺在那里得到了进一步提升。刚才你们看到的《仿清乾隆二十五宝玺》，就是因为在北京有了一个机会，我可以倾心地、尽力地把玩尺寸。

沈旭炜： 您在那边待了多久？

钱高潮： 好几年，我的很多工艺、技艺都是那时候在北京学来的，等一下我带你们去看看，没人能像我这么认真地做事情。到了 1985 年，我们临安县的领导意识到：我们这个地方产这么多石材，但雕刻怎么到现在还没有发展起来？他说："一晃 10 年了，像钱高潮这样的第一批培养人才，已经到外面去给人家教学了，却没有在本地发展。要把钱高潮找回来。"于是，他们找到了我。那个时候，我跟你们说，思想斗争肯定是很激烈的，并不是简单地说"好，我就回来"，领导叫我回去嘛，我就回去，实际上并没那么简单。毕竟，我好不容易从农村到城市，而且当时的农村多少苦，好不容易从农民变成了城市里的老师，当时已经是雕刻师傅了，外头

钱高潮（右）指导徒弟钱明莲（摄
于1992年临安昌化）

的接触面又广，谁会傻到自己回去呢？而且那个时候，我的工资
待遇是 100 块一个月，已经很高了。南下的干部只有 90 多块，
一般干部 40 多块，高级工程师之类的也就几十块，一般的工人
更是只有二三十块，我都拿 100 块了。所以，哪里会有那么傻的
人，叫我回去就回去。况且，我们当时选派去学习雕刻的有 10
个人，就我 1 个人受聘在外，家乡还有 9 个人都会雕刻。但是，
我可能就是这样一个傻人。我为什么又回到那个老家、那么个山
沟沟里去呢？发展昌化石雕，难道就非要我吗？其他人就不能去
发展吗？后来仔细想想，我这门手艺是家乡培养出来的，我要回
报家乡。

沈旭炜：这个很重要。

钱高潮：对，最后我还是毅然地做出决定，说："那我回去。"省地矿厅
也想留下我，他们说："能不能不要走？我们这里需要你。"我说：
"我可能还是要回去，我必须面对家乡的情感。"最后，我还是
坚决地选择了回家。回家的时候，地矿厅为我准备了一点设备，

我也一并带走了。他们说："既然你要回去，机械设备你也带点回去吧，农村估计没有。"就这样，我回到了家乡，又回到了生活的原点。

沈旭炜：去昌化呢，还是说？

钱高潮：老家上溪，跟昌化实际上没太大关系，临安到昌化有 50 多公里，昌化到我家还有 50 多公里，实际上临安城区到我老家有 110 多公里。

沈旭炜：钱老师，您老家是靠安徽那边的？

钱高潮：我老家是靠安徽绩溪那边的。回去以后，我又开始了艰难的生活。但是有一个好处，听说我回家以后，很多父母把小孩送来学习雕刻。

沈旭炜：送来跟你学？

钱高潮：学雕刻。我开始把昌化石雕的雕刻事业做起来。慢慢地，经过 1 年、2 年、3 年……5 年，徒弟出师了，他们又去带徒弟。这样的话，石雕事业就发展起来了。现在回过头来看这条路，他们都说我是昌化石雕的奠基人、领头雁。

沈旭炜：实至名归。

钱高潮：走了这条路啊，应该说，人的一辈子应该有所作为。我如果不回来，老家这里也可能会有其他人把雕刻事业带动起来，但这个机会给了我，这是老天爷的恩赐，昌化石雕选择了我，我无怨无悔。（笑声）。另外，这么多年来，在雕刻方面，我把我们本地的石材影响逐步扩大。刚才一路进来，你们可能比较匆忙，实际上我有一个概念想要澄清，我们的石材在全国的石材分类中属于哪一类？比如说，硬石、玉石、软石这 3 种类型中，硬石，大家都知道，桥梁啊，石狮子啊，用的是花岗岩，这个叫硬石。玉石，你们手上有没有戴玉？就是玉器的"玉"，这个大家也都知道。我们这个属于软石，硬度是 2—3 级，玉的硬度是 4—6 级，翡翠的硬度是 7 级以上，金刚石的硬度是 10 级，所以说，鸡血石非常适合雕琢，各种各样的人物、动物、山水、植物，很多的类型都能雕，都能

钱高潮（左）指导徒弟钱
争辉（摄于 2000 年）

做。1972 年，日本首相田中角荣访华的时候，周总理送给他一对鸡血石作为国礼，这一事件对鸡血石的知名度产生了很大的影响。1973 年，我高中毕业之后，就开始做雕刻这一行。

钱高潮：2 楼你有没有去看？

沈旭炜：2 楼我还没来得及去看。

钱高潮：你等一下去看，我先给你介绍一下我做的事情。刚才讲的是 1972 年的事情，鸡血石作为国礼送给外宾。昌化石中，昌化鸡血石作为其中的精华部分，其数量仅占总体的 1/10000，我们更多可开发利用的是没有含辰砂（昌化鸡血石）的昌化石。在 2016 年，时隔 40 多年之后，作为一名国家级非物质文化遗产传承人和国大师，我有幸接到了 G20 杭州峰会礼品征集指导委员会的正式邀请。在深入研读文件、充分理解其精神实质后，我着手开始了礼品的设计工作。从接受这一重任到按时提交成品，整整历经了 10 个月的时间。在这期间，我对于材质的挑选、作品的创意构思、形象的艺术呈现、工艺的精湛运用，以及整件作品的和谐组合，都进行了无数次的推敲与完善。特别是狮钮印章的设计，更是经历了 5 次重大的修改。凭借着对艺术的执着追求和不懈努力，我最终圆满地完成了这一国礼的创作使命。因此，昌化石以多元的文化价值和极高的经济价值，选定为 G20 杭州峰会国礼的原材料，这一决定既出乎意料地令人欣喜，又完全在情理之中，实至名归。每一件精美国礼的背后，都蕴含着无尽的深情与难以言表的肺腑之言……从 2015 年 11 月起，直至 2016 年 8 月 20 日作品最终完成，我踏上了一段常人难以想象的艰难旅程。这 10 个月，是煎熬与苦战的岁月，我整整瘦了 12 斤。回想起亲手用昌化石雕琢这份国礼的点点滴滴，"从来没有过这样的机缘，家乡的一块石头代表了国家的形象"。昌化石从征集候选的近千件礼品纪念品中脱颖而出，一举成为东道国国家领导人赠予与会各国政要、嘉宾国领导人及国际组织负责人的珍贵国礼，这份荣耀让我深感自豪。这不仅是对我个人"匠心精神"的最高赞誉，更是我一生中最值得骄傲的成就。

沈旭炜：钱老师，您带徒弟到现在，大概带了多少徒弟？

钱高潮：200 多位。

沈旭炜：200 多，也是几十年的积累。

钱高潮：50 年嘛。

沈旭炜：钱老师，您的师父有没有给您留下印象比较深的一些事情，特别是在技艺或者其他方面，您能不能与我们分享一下？

钱高潮：我们这一行的手艺师父，跟社会上的木匠、石匠、篾匠还是有一些区别的。这些工匠主要是走家串户的，今天到东家做个活，隔天就去别家了。3 年徒弟，3 年伙计。我跟他们不一样，我是拜师学的。

沈旭炜： 有仪式吗？

钱高潮： 拜师仪式是近几年才开始的，举行拜师仪式其实也是一种传承。我那时学雕刻，师父对学徒呢，也可以说，学徒爱学他就教，学徒不爱学他也不一定教。

沈旭炜： 您提到的，您的师父对您的这种教学方式，您学也可以，不学也可以，这会不会影响到您现在带徒弟的方式？

钱高潮： 那跟我的教学方法又不一样啦。（笑声）。我在学的时候，可以这么说，我是因为个人的兴趣爱好，也很认真地去学这一门手艺。其他同事到现在基本上不在雕了。徒弟们的父母亲把他们送到我这里来，跟我说："我的儿子、女儿想跟你学。"大人把小孩送过来，不像你们这样考上大学，他们都没考上大学，可能有的连高中都没考上，只是初中毕业，农村里嘛，最好是学点手艺。大人把小孩送到我这里来学，我最起码要对他们负责。所以，我是比较严格的，他们不愿意学我都要求他们去学。现在这个年代和我们那个年代不一样了。那时，哪怕就是十七八岁，送到我这里来学，我贴材料、贴工夫，还是要教他，而且我从来没收过一分钱。

沈旭炜： 学费呢？

钱高潮： 没有收过，一直都没有。当时也没有像我们现在这样正儿八经地举行拜师仪式。你既然入了我的门，我就负责把你教出来。

沈旭炜： 您跟这些徒弟现在还有来往吗？

钱高潮： 有来往，从事雕刻的徒弟有，没有从事雕刻的也有，转行做其他事情的也有。

沈旭炜： 钱老师，您现在带徒弟，也不收学费吗？

钱高潮： 我到现在一直没有收过。关于带徒弟这件事，我跟你讲，是一件越来越好的事情。徒弟们越来越进步，越来越有文化，而且覆盖的地域也越来越广。我从事这件事情这么多年，在行业里面、在领域里面可能有点影响力，也可以说是做出了一点成绩，大家也看到了。等一下你们去看看为 G20 杭州峰会制作的国礼。国礼的制作，对我们手艺人来说，是人生雕刻艺术生涯中的一大成就和最高荣誉。

沈旭炜： 参加一些重大活动，对我们来说确实是一个很大的提升。

钱高潮： 对，咱们在做了以后，影响更大了，涉及的范围也更广了。北京、上海、广州、深圳这些主要城市，都有我的徒弟，而且徒弟的门类广，佛教的、道教的弟子都有。还有一些高学历的学生，本科的、研究生的都有。在这个过程中，对我而言，你愿意学，我就很乐意地教。手艺嘛，真的要传承，这个是必须的。工美馆承办"大师带徒"这个项目，在全国来说是一件很有影响且很有意义的事情。"大师带徒"项目我是早就听说了，前年他们找了我几次，说下一轮要轮到我了，要让我带徒。作为一位国大师、国家级非遗传承人，我不想承担这个任务，是不可能的，我也说不出口。这么一件有意义的事情，政府的用心良苦为了什么？为了打造杭州这个"工艺与民间艺术之都"。再回过去讲，我刚刚高中毕业的时候，为什么选派我去学雕刻？当时的公社干部也是用心良苦。所以，我到外地去工作，受聘教学，现在又返乡带徒，在家乡培养人才，传承雕刻技艺，这就是我一生的情怀。1985 年，我回家乡以后，生活很艰辛，买原材料，带徒弟，销售产品一个月才挣 20 多块钱。

沈旭炜： 您在地质系统都有 100 元一个月，怎么回家一个月才挣 20 多元？

钱高潮： 那时候产品滞销，根本卖不出去，当时的难度可想而知。再回到现在，我们国家重视传统文化，杭州政府推出"大师带徒"项目是一件大好事，"大师带徒"项目是政府出面的，面向全国招徒，扩大了昌化石、昌化鸡血石及鸡血石雕的影响。非常感谢政府的举措和工美馆为此付出的巨大努力。

沈旭炜： 钱老师，您认识得很到位。

钱高潮： 我是认识到了的，那天工美馆的领导说让我等一下去看看我们的工作室。她说我们的工作室可能是带徒项目中工作环境最好的一个。领导的意思是希望我每一轮都能招收徒弟。

沈旭炜： 以后几轮都参加。

钱高潮大师作品《万世师表》

钱高潮：我不仅严格地带徒弟，而且"行"比较多一点，严格的"严"，
行动的"行"。很多事情，我都亲力亲为，徒弟们都看在眼里，
无形中形成了一种自觉或不自觉的学习方式。你如果只是严格地
教，人家不一定学。自己一直在做，他们看看也可能就学会了。

沈旭炜：对，行动本身可以作为传承的一部分。

钱高潮：是的，可能在这方面我确实拥有较多的主导权。我做事除了说和
做，还写，写成文字。现在的情况不同于我们过去的师父带徒弟。
过去，我们常会说："你听不听啊？""biá"地一下。（笑声）。
若是不听，师傅就打过来了。现在已经不是那个年代了，现在的
人往往比较现实，假如你没有这方面的技能，假如你没有在这领
域中足以让人敬佩，仅仅只凭严厉，而没有其他方面的表现，学
徒们不一定会产生敬畏感。这种学习的榜样都要靠自己雕出来的，
而不仅仅是嘴巴说说而已，你得雕出来给他们看，他们看到后才
会从内心服你，对工艺品的兴趣就有了，你就可以引导他们往这
个方向走。现在有些学徒是高学历，所以我要把这些文字内容，
这些自己的体会心得给他们看。我可以给他们看，让他们知道这
件作品是怎样雕刻出来的。过去，我带的徒弟都是初中学历，他
们看也看不懂，现在就不一样了。

沈旭炜：学历都高起来了。

钱高潮：对的，现在面对的都是高学历人才了。我不惜代价地搜集资料，
很多去过我书房的人都知道，我的书房里工艺美术相关的藏书比
较齐全，也有政治、历史、哲学等领域的书籍，主要还是以工艺
美术、绘画、书法、篆刻相关的书籍为主。这些书籍我都珍藏在
3楼的几个房间里，工作室那边也有。

沈旭炜：是您自己写的？

钱高潮：那不是，都是买的，当然自己还在不断地学习。（笑声）。

沈旭炜：钱老师，您以前的学生可能年纪小一点，现在招的学生年纪可能
会稍微大一点。

钱高潮：现在的学徒如果是初中毕业，我肯定是不要的。高中毕业也不要，

钱高潮大师作品《紫气东来》

还可以继续读书。以前的话是他们读不上去，而现在只要适当努力一下就可以考上，虽然不一定是名校，但众多的职业技术学院和大专学校都敞开着大门，供他们选择就读。他们学的不一定就是毕业后要从事的。学了以后，不一定非要做石雕，可以先从事一门职业，然后再来做雕刻这件事。有很多来拜师的，本来就是从事其他行业的。也许，我这个行业会给他们从事另外行业的人带去一定的帮助。我现在带的很多徒弟是跨界的，不是从事石雕行业的，有的是做绘画的，有的是做文化工作的。他们要拜师，而且现在的拜师是正儿八经的。我现在已经参加过好几场了，陆陆续续，拜师也是传承文化。我坐在这里，2张桌子，1张是给当地政府部门的领导，1张是给德高望重的老专家，他们算是见证人，这些拜师仪式都是在政府和行业主管部门的主导下举办的。学徒们敬茶，递交拜师帖。这个活动本身就是一种文化的传承。像这样举行了拜师仪式以后，你有没有责任和担当去传承技艺呢？

沈旭炜：钱老师，我想向您请教一下，在学手艺的过程中，您觉得徒弟需要具备哪些基本素质？

钱高潮：首先是爱好兴趣，这是一个点，但是有的时候也不一定，这个很难。没有兴趣可以慢慢培养，也有这样的情况，这个不是绝对的。

沈旭炜：您参与"大师带徒"项目，除了刚刚提到的初心和动机外，还有没有其他原因？

钱高潮：这个项目向全国招徒，扩大影响力，肯定是一件好事情，政府在不断地进行宣传，投入场地和开支成本，确实是在做一件功在当代、利在千秋的事情。

沈旭炜：您的3个徒弟都是跨界的吗？

钱高潮：一个是美院（中国美术学院）的夏琳璐，2008年毕业，她是搞铜瓷的。一个是西安的书法老师。还有一个是绍兴新昌的，他是学书法、做竹刻的。在我这里学习了一段时间后，他们对此都产生了很大的兴趣。

沈旭炜：钱老师，当时您选这 3 个徒弟的时候有没有什么标准？我想，报名的人应该是蛮多的。

钱高潮：选徒弟的话要从各方面去衡量，学历、兴趣、家庭条件，各方面都有，还要进行实践操作，比如绘画。

沈旭炜：他们要操作一遍？

钱高潮：对，绘画、艺术，这些都是美院的标准流程，还有理论，对这几个方面都要进行考试。

沈旭炜：一套流程。

钱高潮：考试以后，由咱们美院……

沈旭炜：是有几个老师一起打分，最后决定权是在您手里吗？

钱高潮：不是的，是几位专家经过多方面考核和研究后决定的。

沈旭炜：钱老师，您可以分享一下，手工艺在您心中的分量吗？昌化鸡血石雕作为一门手工艺，"手工艺" 3 个字对您来说意味着什么？

钱高潮：所谓手工艺，不单单是用手，还要用脑，手工艺肯定是机械不能复制的。

沈旭炜：不能复制。

钱高潮：手工艺，应该是机械替代不了的。工艺美术有一种归属感，为什么？因为手工艺千变万化，有的时候只有手脑结合，才能够焕发它的生命力。机械化产品只有呆板、死板。手工艺，惟妙惟肖，在不断变化，所以要手脑结合，这个是电脑等设备无法替代的。只有心、脑、手一起做，才能创造出优秀的艺术作品。

沈旭炜：钱老师，传承鸡血石雕刻技艺，对您而言意味着什么？或者对你个人而言，它的价值在哪里？

钱高潮：对我来说，传承鸡血石雕刻技艺，肯定是不可推卸的责任。把我所学的和所经历的毫无保留地传授给徒弟们，再过多少年以后，徒弟们会在我的基础上将技艺进一步发扬光大。如果我不全部传授，他们可能也会琢磨出来，但是时间会慢一点。我全部传授给他们，他们会少走弯路。我琢磨了这么多年，有的甚至是我师父都没教过的。我琢磨出来以后，把经验传给他们。我琢磨这些花

钱高潮（中）赴法国进行政府间的文化艺术交流活动（摄于 2005 年）

了很多年，我走的弯路很长。然而，我想尽可能地缩短徒弟们走弯路的时间，尽快让他们上手。以前是 5 年甚至 10 年都未必能学到真本事，现在我希望他们一两年就能学到真本事。我有这种想法，尽可能地让他们超过我，尽快地超越我。

沈旭炜： 我们感受到了，钱老师。在日常的传承过程中，您有没有遇到一些困难需要反映的？

钱高潮： 习惯了，自己能做的事情尽可能自己做，自己尽可能地克服困难，也没有更大困难了。（笑声）。

沈旭炜： 您在"大师带徒"项目中是怎么管理或帮助徒弟的？有没有给他们制订一些计划？

钱高潮： 我那里是有单子的，什么时间段掌握什么，什么时间能够做些什么，都列了一张单子。

沈旭炜： 每个人不一样？

钱高潮： 那不一样，我们省工艺美术界的前辈高而颐部长曾说："哎哟，

钱高潮（左一）赴意大利进行政府间的文化艺术交流活动（摄于 2005 年）

老钱你倒是做得好，你给每个徒弟都定一个方向，这对他们以后从事的工作有所帮助。"每个徒弟经过一段时间的学习以后，我会给他们每人制订一套计划，你往这个方面走，他往那个方面走。我的教学跟老师的课堂教学不一样，虽然是在同一个地方教，但是对每个人有不同的引导。我有这个方面的技艺，不会让大家一起坐下来，做同样的事情，雕刻同一款产品。这是我们过去的教法，20 世纪 70 年代至 80 年代的教法。那时，大家都雕狮子，这个星期，这个月，这一年，都在雕这样东西，大家都一样。现在不是这样的，现在是因人而异，因材施教。

沈旭炜：这个蛮重要的。现在您带徒弟，有没有让他们和社会上的单位进行一些互动，有没有带他们去参展？

钱高潮：去年他们刚来到我这里的时候，我就带他们到南京参加了中国工艺美术大师的活动，参观学习。后来又去了南昌。通过参观这两个展览让他们学习，让他们看看，一旦走了这条路，他们应该如

钱高潮大师作品《日出东方》

何在这样的活动中争取拿到奖。今年，他们都拿到奖了。在绍兴举办的浙江省工艺美术精品展上，他们拿了两个银奖，一个铜奖，徒弟们高兴得不得了。

沈旭炜：这个不容易。

钱高潮：还有一个工美展也拿到了铜奖。

沈旭炜：钱老师，您能不能帮我们评价一下，工美馆在"大师带徒"项目中的角色？

钱高潮：工美馆确确实实地培养了工美人，为了培养更多的工美人在不断地付出努力。它的目的是培养更多的杭州工美人，并在不断付出努力。这几位领导以及工作人员，都非常踏实，可能其他馆没有，其他馆可能也承担不了这样的责任。这一点我看到了，我非常地钦佩。

沈旭炜：钱老师，您能不能评价一下这个项目中的一些政府政策，譬如刚刚说的补贴？

钱高潮：政策很好。带徒补贴多少，对我来说并没有太多要求。政府给了补贴用于购买教学和制作所需的原材料，这体现了政府的关怀和厚爱。

沈旭炜：钱老师，如果以后有机会把临安鸡血石推广到海外，工美馆不一定有那么多经费支持，如果工美馆出一点经费，您这边出一点经费，您觉得有可能吗？

钱高潮：就海外办展一事并不是那么简单的，关键在于操作和费用的安排。去国外办个展也好，参加展览也好，如果有国外的邀请，肯定要有政府部门的对接，你说哪个企业或者哪个单位，凑了多少钱，出去办个展，这个肯定是搞不好的。这必须要由我们工美馆和他们对接好展览的主题及时间、地点。在这个过程中，我们来组织和挑选具有地方特色的作品，并决定通过何种方式进行宣传、展示和销售。刚才你说的这个问题，到哪里去办展，自己要出多少费用，这个可能不现实。

沈旭炜：我不太专业。（笑声）。

钱高潮：（笑声）。不是不专业，很多人没有参与过这样的事情，我对这个话题略知一二。他们那边发函，我们这边与他们对接，确定展览的形式。比如说，我们跟工美馆签订合同，由我们这边选一些具体的展品，要有针对性的。他们那边会有个提示建议，双方都可以提出建议，这样的话才能促成展览的成功。

沈旭炜：谢谢钱老师，我有点担心时间问题，怕您坐得太长。

钱高潮：我们到上面去坐坐也可以。

沈旭炜：好的，不好意思，我们第一次经验不足。谢谢您。

金家虹

谁家银针牵彩线，羽裳妙指绣心图

中国工艺美术大师　[签名]

金家虹，女，1969年生，浙江杭州人。中国工艺美术大师，中国刺绣艺术大师，正高级工艺美术师，杭州刺绣省级非物质文化遗产代表性传承人，杭州工匠，中国艺术研究院访问学者，浙江省抽纱刺绣艺术中青年十大名师，杭州首届"万人计划"传统工艺领军人才。现任中国工艺美术协会刺绣专委会副主任，浙江省工艺美术行业协会常务理事，浙江省非物质文化遗产保护协会抽纱刺绣专委会、浙江省民间文艺家协会手工刺绣专委会副会长兼秘书长，杭州市工艺美术学会理事长，杭州市工艺美术行业协会副会长。作品多次荣获中国工艺美术大师作品展、中国（浙江）工艺美术精品博览会等展会的金奖，以及中国工艺美术"百花奖"金奖等。作品被收藏于中国丝绸博物馆、中国财税博物馆、中国妇女儿童博物馆、浙江省博物馆、杭州工艺美术博物馆等。从艺30余年，作品创作在延续杭绣闺阁刺绣风格的同时充分吸收了其他艺术样式之长，将绘画的各种表现手法转化为刺绣针法，并独创性地研发出刺绣"一根金"盘钉技法，风格隽永清新。现为杭州工艺美术博物馆大师工作室入驻大师。

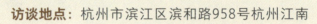

访谈地点： 杭州市滨江区滨和路958号杭州江南
实验学校5号楼映山静水刺绣馆办公室

访谈时间： 2023年5月29日（周一），下午

访谈时长： 46分22秒

访谈对象： 金家虹

访谈人员： 沈旭炜

访谈内容：[1]

沈旭炜：金老师，不好意思，打扰了。

金家虹：没关系，工美馆也经常过来回访。

沈旭炜：金老师，我们这次想对"大师带徒"项目做一个梳理，未来可能会形成一个报告。这次访谈的所有信息主要是为了报告编撰以及后期的一些成果展示，不会用在其他地方。

金家虹：好的。

沈旭炜：金老师，我们的水平有限，有些问得不到位的地方，还请您批评指导。

金家虹：没事，你们肯定也有自己的条理和想知道的内容。

沈旭炜：金老师，我们首先想了解一下，您从事手绣这个行业多长时间了？

金家虹：到明年应该刚好是 40 年。

沈旭炜：40 年？那您年轻的时候就开始了。

金家虹：对，我在学校里开始学习这个，一直到现在都没有断过，也没有离开过这个行业。

沈旭炜：金老师，您能否帮我们回忆一下，比如说在学校的时候，作为学徒，您在学习这门手艺时的一些点滴故事？

金家虹：我当时就读的那个学校是一所专业性的工艺美术学校，我们这个班叫"刺绣设计班"。学刺绣设计之前，我们不但要学刺绣针法、

---

1 本篇文字内容基于访谈整理，之后得到金家虹老师的润色调整。文中所有照片均由金家虹老师提供，在此表示诚挚感谢。

刺绣技艺，还要学其他的绘画技巧。当时我们是四年制的中专，学校在学习初期开的课程有最基础的国画、素描、水粉等，到后期有提高的书法、摄影、水彩等，相对来说，学得比较全面。学了这些课程为最后学习刺绣设计打下了扎实的基础。应该来说，这是一个比较有序的学习过程。

沈旭炜：确实有序，金老师。您学校的全称可以和我们分享一下吗？

金家虹：我们学校叫杭州市工艺美术学校，就是现在的杭州师范大学美术学院，它在一九九几年的时候划归到了杭州师范学院美术系。两个月前，我还向我的母校杭师大美术学院捐赠了一个纱线房，并成立了一个刺绣工作坊。

沈旭炜：也是一个工作坊。

金家虹：刺绣工作坊，目前主要用于研究生的刺绣课教学，有纤维艺术专业的，还有其他专业的，要教一些刺绣针法和针法肌理效果的综合运用。

沈旭炜：金老师，您当时入学是哪一年？

金家虹：1984 年进的学校，1988 年毕业。

沈旭炜：1988 年毕业，那刚刚是改革开放的初期。

金家虹：我们是 20 世纪 70 年代之后杭工美校恢复招生的第一批学生。杭工美校于 20 世纪 60 年代开始招生，办过两届。第一届是我的老师们的那一届，第二届持续到 20 世纪 70 年代。第三届就是我们1984 年恢复招生之后的这一届。

沈旭炜：你们是第一届？

金家虹：恢复招生之后的第一届，总的来说是第三届。

沈旭炜：总的第三届。

金家虹：第三届，当时我们的绘画老师都是美院里的教授，刺绣专业课的老师是第一届毕业的大师姐们，师资力量还是比较强的。

沈旭炜：金老师，当时他们也是手把手地教您，就像现在您教徒弟一样吗？他们教您的方式跟您现在教徒弟的方式有区别吗？

金家虹：不一样。当时老师教我们的时候，我们有绘画课、文化课，还有

毕业时的金家虹（摄于 1988 年）

工艺美术史的学习。综合来
说，我们会有自己的审美，老
师教的针法并没有那么多，只
有几个主要的针法。因为我们
的专业侧重点最终是落在刺绣
设计上。

沈旭炜：是大课上教的吗？

金家虹：倒也不是大课，学生 16 个人
　　　　　一个班，我们第三届一共 3 个
　　　　　专业，没有大班，都是小班。

沈旭炜：都是小班。

金家虹在杭州（摄于 1989 年）

金家虹：当时老师教的针法不多，也不
　　　　　像我现在这样的教法。刺绣老

师之前没有多少授课经验，也没多少教材，针法也比较局限。我记得，我在学校里可能只学了五六种针法。但是现在我教他们是不一样的。我自己那么多年过来，做了一些针法的梳理，包括从我自己收藏的杭绣老作品中提炼的一些针法。我觉得这些是比较重要的。然后，我又比较喜欢有肌理的这种针法，所以我都会将其收集起来做整理和梳理。对他们现在的要求，大概是要掌握16种针法，且必须都要学得很好，就是说，一种针法学好，我才会教第二种针法，基础都打得比较扎实。他们现在的学习情况跟我们那时的情况不一样。我们是在学校里学的，氛围相对安静，还要学习绘画等，然而，他们或许缺乏这样的学习环境。所以，教针法这一块，我就必须让他们学得非常扎实，等到后期再开始教授国画的白描、国画等的色彩教学。

沈旭炜：现在的这些徒弟，之后你会不会教给他们一些其他方面的专业知识?

金家虹：会的，但不会像学校里教的那么系统，我觉得，这么多年下来，当初学校里学的东西，国画，对刺绣来说是最有用的，素描也是非常有用的。一个是线条的基础，另一个是造型的基础嘛，非常重要。这两门课后期我会在工作室找老师来教，但其他的（知识）只能靠他们自己去累积，我每年都会带他们出去看展览、采风，这些也会帮助他们在今后去寻找自己喜欢的艺术形式。

沈旭炜：金老师，您是专家，您不仅是大师，还是老师，您有理论，还有实践，各方面都很强。我想问下，您在学习的过程中，您的老师有没有给您留下一些印象比较深的事情，能不能与我们分享一下您作为学徒的一些心得。

金家虹：好遥远，已经很遥远了，有，有。我在刚进学校的时候，留着短头发，游泳头，我们说的短平短头发儿，像个男孩子。在我们班上，一眼看过去，在那群极具女孩子特质的同学里面，我看上去像是个不太坐得住的人。（笑声）在学的过程中，我能动也能静。我记得当时我们的国画老师叫毕彰，他说了一句话，就是"看不出嘛，金家虹动若脱兔静如处子哦"，说我看着那么能动的人做东西还是很安静的，因为老师从你做的作品中就能看出你心静不静。我觉得他当时的这些话，其实给我的鼓励还是挺大的。在我考进杭工美校的时候，有很多同学都是美院老师的孩子，他们可能从小学就学习绘画什么的。对我来说，我就像是一张白纸，只上过一个美术兴趣班，没有那么好的绘画根基。但是也有一个好处，我到杭工美校之后，就像海绵一样，老师教什么我学什么，我一下子学了很多东西，也很容易沉浸在这种状态里面，所以老师当时对我的印象还挺深的。我就觉得在杭工美校这几年学的东西，我用到了现在，以后也是一直能用到的。后来，我在同学会上遇到老师的时候，老师也会说："哎呀，没想到你这么个会动的人，全班就留了你一个还在绣花。"（笑声）。

沈旭炜： 其他人都转行了？

金家虹： 基本上都改行了，可能有一两个还会再摸一下玩玩，但也不再是以一种专业的身份在做了。那个时候我的刺绣老师是鲁艺老师，与现在我的师父陈水琴老师是同班同学。

沈旭炜： 陈老师是您的老师？

金家虹： 陈老师是我师父，是我毕业之后进研究所后拜的老师，我跟着她继续学。

沈旭炜： 哦，这样的，我们前几天和工美馆的王老师做访谈，王梅老师，是您与陈老师一起带的徒弟。

金家虹： 王梅之前跟着我学基本针法，后来因为喜欢绣小猫、小狗等小动物，而我师父正好在这方面很擅长，比较适合教她，所以我就让她去师父那边继续学习。

沈旭炜： 原来您和陈水琴老师都是师父的师父。

金家虹： 那倒没有，虽然我也从我师父那里学了绣猫绣狗，可以教他们，但如果他们想学到最正宗的，我觉得还是要师父亲自教，会更好一点。学习的目的就是学好，而并不在于是我的徒弟或者是她的徒弟。

沈旭炜：是的，金老师，您坚持了近 40 年，是什么让您一直坚持下来的？

金家虹：我觉得很简单，喜欢。

沈旭炜：喜欢，到现在还是喜欢吗？

金家虹：对，我觉得喜欢了才会去探究，才会愿意花更多的时间去做，其实对于任何东西，喜欢是最好的原动力。如果不喜欢的话，就不会有那么多的主动性去探索，因为刺绣不光是一个技艺，它还有背景文化，还有其他相关传统文化的内容，这个非常重要。像我绣佛像，一开始一点都不懂。开始绣了佛像之后，我就会慢慢地去探索佛像造像，了解造像的比例，他的手势是什么样的？说法的时候他的手印是什么？我会去探究这些东西，包括他的法器是什么，甚至到最后会去关注佛教经文的内容等。如果不是处于一个喜欢的状态，我可能做不到这样主动地去探索。

沈旭炜：刚刚跟您的几位徒弟在谈，（他们也）说您经常学习一些新的章法、技法。金老师，您这边现在一共收了多少位徒弟了？

金家虹：你是说"大师带徒"项目的徒弟吗？

沈旭炜：是的。

金家虹："大师带徒"项目第二轮有 3 个，第三轮也有 3 个。

沈旭炜：除此之外，其他渠道的还有吗？

金家虹：其他的就很多了，有 30 多个。

沈旭炜：30 多个。

金家虹：有一些是每天来的，有一些是本来就有工作的。比如说，刚才又来一个，是学校里的老师，下课了就会到这里来，双休日也来，寒假、暑假也来，到今年的话已有 12 年了。

沈旭炜：他们也都是以徒弟的身份？

金家虹：是以徒弟的身份，我们浙江省工艺美术行业协会做过一个徒弟的认证。

沈旭炜：徒弟的认证？

金家虹：师徒关系的认证，我们有授徒协议，不是用工合同，授徒协议有约束。每年徒弟们都要有新的作品出来，他们的作品也会评奖。

沈旭炜：省工艺协会？

金家虹：省工艺美术行业协会。

沈旭炜：这样的话，其他大师应该也有类似的操作吧？其他大师也会有这个师徒关系的认证吗？

金家虹：会有，会有认证，它是一批一批的，最早一批认定了20多个，后面一批再一批，现在应该有30多个。

沈旭炜：金老师，能不能帮我们分析一下，比如说，您觉得学生和徒弟两者之间有差别吗？

金家虹：那差别很大，譬如说，我是从2015年开始在美院的服装染织系教刺绣工艺课的，那边的就都是学生，是吧？是老师和学生的关系，很单纯，课上完了之后，后续的联系会非常少。但是徒弟的话，他是进入我工作室学习的，他的学习状态，比如说，必须要达到这一步，我才会教他下一步，有一个传承的关系在里面。还有一个，学生的生活状态，跟我无关。但是徒弟的生活状态就跟我有关了，包括他的情绪、他的收入等一些情况，我都会有顾虑。徒弟每天跟你生活在一起，一年又一年，甚至十几年，周一到周五都在一起，有的周六也来，有的徒弟陪我做到晚上九十点钟才回去，情感的交流会很多。

沈旭炜：您和徒弟之间的感情，能不能向我们描述一下，具体是一种什么样的感情？

金家虹：我觉得这种感情应该转化成亲情了，我会去关心他们除了技艺之外的很多其他事情，像自己的孩子一样，就是有一种亲情在里面。

沈旭炜：金老师，您能不能再谈谈您对言传身教的理解？

金家虹：言传身教，我觉得是这样的，每天在一起就是一个非常自然的言传身教的过程。比如说，以我现在这个年龄，我每天还是会写点东西、画点东西。我2019年去中国艺术研究院进修了1年，做访问学者，之前也去清华美院进修。自己要保持这种学习的状态，才可能给学生留下这种"学无止境"的感觉。并不是说，我一定要强行教他们什么东西，不是。一般来说，我自己的学生都是自发地想学东西。每年年初，我都会找他们聊今年的计划是什么，包括刚进来学习的人，我也会跟他们聊现在的目标是什么，最终目标是什么。有人会跟我说他只想绣朵花在衣服上面玩玩，那我就会清楚地知道他的目标；也有人说他想以后他的小孩到博物馆能看到他的作品，那我就知道他的目标是什么了。一般来说，我都是根据他们自己的目标去教他们。每年我会问他们目标有没有变化，有变化提早跟我讲一下。因为他们目标越高，就要学得越精学得越好，我也要在他们身上花越多的时间，当然我对他们的要求也要更高一点。他如果只想绣朵花，那么上午 11 点来我都不会去管。他如果想让作品进博物馆，上午 11 点来，第一天可以，连续几天都这样，那么我就要问他，他的目标有没有变化。有变化，我就不对他做要求。但是如果没有变化，我希望他一天能够绣满8 个小时或者绣满几个小时。

沈旭炜：要求也不一样？

金家虹：对，不一样，每个人的目标不一样，有的人是退休了之后来找点事情做做的。

沈旭炜：退休的学生？

金家虹：有，有。有退休了后想做自己喜欢的事情的，因为之前有工作不能全身心投入学习，这样的学生学起来非常认真。也有的人，比如说，刚刚毕业了还没找到工作，在这段空闲时间他想学点东西。每个人的目标都不一样。并不是说目标一旦跟我说就算定下来了，就不能变，能变的。做了一年之后，你觉得这东西很有趣，想继续往前走，那也是可以的。我们这里有一开始只是来玩一下，后来做到辞掉工作专门来做刺绣的（学生），直到现在成了大师、非遗传承人。

沈旭炜：有好几位确实是转行过来的。

金家虹：对，转行过来，都有，看你喜欢的程度。我的任务就是让他们学了之后喜欢上（这门手艺），这是最重要的。你（一旦）喜欢上，就会觉得其中有很多东西表面上是看不到的，很好玩。

金家虹大师作品单面绣《双峰插云》

沈旭炜：金老师，您在这个行业取得了很大的成就。

金家虹：那倒没有。我只是希望更多的人能喜欢刺绣。

沈旭炜：您谦虚了，确实很不容易。金老师，您能不能帮我们回顾一下，在这近 40 年的经历中，有没有遇到过一些困难？

金家虹：那太多了。

沈旭炜： 方便和我们分享一些吗？

金家虹： 刺绣以及其他手工艺在 20 世纪 90 年代，应该是在 20 世纪 90 年代末，受到了很大的冲击，受到机器、电脑刺绣的冲击。很多行业在那个时候就没落了，我们刺绣也不例外。再加上研究所改制什么的，到 1999 年，刺绣其实就没落了。我就跟着老师在工作室继续坚持，到后来 2003 年，老师的工作室也解散了，我就只能回到家里。我在家里待了两年，其实如果当时放弃了，那两年后可能就回不来了，就真的放弃了。我还是比较喜欢刺绣的，我家里人，包括我老公，也很支持我，说反正也不差这一口吃的，如果你真的很喜欢的话，在家里也能做这件事。所以那两年，我在家里也不断创作，当时女儿也小，早上将她送到学校后，回来就是绣花。所以那两年实实在在地出了不少作品。我们之前在工作室，从 1988 年到 2003 年，这十几年做得更多的是单位里客户的订单，自己没有更多的创作权或者自主权。在家里的两年，我觉得其实挺好的，可以完全撒开了手做自己想做的东西。所以，那两年我出了一些有想法的东西，不一样的东西。到 2005 年，刚好我们杭州市有一笔工艺美术专项资金，为我们在吴山广场那边盖了一幢大师楼，我也因此有了工作室。所以从 2005 年开始，我又重新回归了社会，当时我手上有作品，因为这两年没停下，而且做的作品也不是以前在单位里为客户定做的商品，都是有些新意的创作作品，所以在 2006 年，刚好省大师开始评比，我就凭这些作品评上了省大师。我觉得可能是很多人放弃了刺绣，也不是我进步有多大，大家都逃走了，就剩我还站在那边守着。

沈旭炜： 您也一直在坚持。

金家虹： 对，因为喜欢，所以我也没有觉得这是有多痛苦的坚持。

沈旭炜： 主要还是喜欢。

金家虹： 这是一个很大的坎。对我来说，其实这个坎多亏了家人的帮助，才让我能够坚持做自己喜欢做的东西。之前十几年在单位里做的经历，也帮我打下了一个非常扎实的基础，而现在这样又完全可以做自己想做的作品，所以整个过程还是挺愉快的。其实最痛苦的是自己开始创作之后，就是2010年，2009年到2010年，这两年其实非常纠结。首先是自己创建了工作室，创作了一些跟传统作品很不一样的作品，受到了个别专家的质疑，可能我的那些作品更强调的是艺术性和自我的表达，跟传统的刺绣、繁缛的设计、满绣的风格差异比较大。然后就有专家会说，工那么少，有点投机取巧了，刺绣怎么可以只做那么一点点。还有的说，这是偷工减料。我听到的这些（评论）还挺多的，我其实挺郁闷的。但一个转折点出现在2010年。当时，冯骥才先生在天津大学办了一个"非遗传承人进校园"活动，刚好是天津大学的校庆，当时邀请了全国20个非遗传承人。我们省民协（浙江省民间文艺家协会）的王恬老师比较了解我的情况，他可能在外面看到的刺绣也比较多，他说："我觉得你做的东西挺好的，为什么你会这样（郁闷）。"我说："没办法，反正只要我去参加比赛，就有专家会说，绣得太少之类的，然后（我）就很迷茫。"我也经常跟他聊天，说自己似乎要迷失在技术和艺术的选择中了，后来他说："冯先生要办一个展，我跟他推荐一下。"他就跟冯先生推荐了我。冯先生一开始说："刺绣我们已经有了。"当时请的是苏州的姚建萍。王老师也挺好的，他说："冯先生，我让小朋友把东西发过来，您看看怎么样。"后来我就发了我自己创作的一系列作品，没有发我之前在单位里做的那些作品。发过去之后，冯先生说："这个有意思，是我之前没有看到过的刺绣，来吧。"所以，那次展就变成了21个人，原来是20个人。当时冯先生是计划邀请以不同方式进行传承的传承人的。很多民间手艺是经过整个家族的传承，有的是经过整个村庄的传承，有的是师带徒的单一传承。而我的情况有所不同，我先经过专业学校4年的学习，然后出来再拜师父。他说，他那边是没有这种形式的，这样出来的学生创作的作品不单是从师父那里学到的东西，还有很多自己的审美追求或者其他，所以出来的作品可能跟传统的有比较大的差异。当

金家虹参加冯骥才先生在天津大学举办的"非遗传承人进校园"活动（摄于 2010 年）

时我去了之后，冯先生挺好的，没有一点架子，他给我留了整个8米宽的墙面，每件作品都是他亲自规划，亲自布光。这样一放，让我非常清晰地看到了自己一步一步的创作过程，因为单放一件作品展示的冲击力是不可能和一系列作品展示在8米宽的墙面上的冲击力相比的。我觉得这一次展览影响了我后面很多年的创作，包括冯先生的指点、鼓励，他还给我题了一幅字。我觉得这些经历，让我坚定了一个想法，就是做有自己想法的东西。首先，我并不是一个画家，我画的东西不需要非常完美，但（只要）是我脑子里的想法就行，适合刺绣就好，并不一定要符合绘画审美法则，哪个大哪个小，好看什么。就像有的人说，你这个女人的背影腰应该再细一点，我就喜欢粗的，这样看上去舒服。所以我就觉得，冯先生让我坚定了自己创作的信心，因为得到了他的肯定，他给我写了一幅字"银针牵彩线，妙指绣心图"。他说："'心图'这两个字我是经过考虑的，因为我发现你绣的是你心里的东西，就是你自己的想法。"

沈旭炜： 它是"心里"的"心"？

金家虹： "一颗心"的"心"，我绣的是我自己心里的东西。他说，长久以后，这个就会形成一种风格。其实真的是，这样的鼓励很重要。当我在遭遇打压的时候，忽然出现了一盏明灯。后来，我每年都有这样一个系列题材的作品出来，也得到了他的认可。后来，在天津大学又一次周年校庆的时候，他又办了一个"非遗传承人进校园"活动，很幽默地说："你们别忘记把杭州那个小姑娘叫来。"我去的时候看到他，还说："冯先生，我已经不是小姑娘了，经过了10年，我已经40多岁了。"我就觉得，在他这里，（我）坚定了信念，这是一个最大的转折。这种自信，靠我自己是没法建立起来的，得靠这样的引领，是很好的。当然，冯先生给了我创作的一部分信心，另一部分信心的来源就是我的老师陈水琴。她对刺绣的坚持无疑是对我最好的教导。陈老师那么多年不管外界的声音，一直在坚持创作。现在她那么大的年龄了，连晚上还

银针牵彩线

妙指绣心图

全家好女士雅正

庚寅 冯骥才

冯骥才先生题字

一直在坚持创作。我觉得，这就是对我们的一种言传身教，不管从技艺还是从创作精神来说，她都是一个非常好的榜样。我觉得，在最困难的时候我还是挺幸运的，有这样的老师能够引导我。

沈旭炜：金老师，不知道您介不介意提供一些您当时参与冯先生展览的资料？

金家虹：不介意，我有冯先生在展览现场将我介绍给其他人的照片，还有冯先生指点我作品的照片，有冯先生给我的题字。这些都有电子版的，都没问题。

沈旭炜：我们不知道您还有这样的故事，包括与老一辈的冯先生之间的往事，以及您刚才提及的与美院老师的交往点滴。

金家虹：毕彰？是吧？

沈旭炜：毕老师。

金家虹：毕彰，他是我的国画老师，毕老师。

金家虹：他还是一位比较有名的国画家，你在网上应该都能查到，他毕生在做国画的教学和创作。

沈旭炜：我刚发现，金老师，您（得到）的鼓励，包括来自毕老师、冯老师、陈老师的鼓励，现在您都已将这种鼓励的教学方式传承给了下一代。这是一种理念，刚刚有些学生也一直在说。您的好几位学生都在说您对他们的鼓励。

金家虹：我喜欢鼓励性质的教学，首先一点，我经常跟他们说，来学是因为喜欢这门技艺，是吧？所以我觉得鼓励比很多东西都重要。比如说，我也希望他们学了之后有传承的责任，但首先他们要学好，这样才能有传下去的能力，我觉得鼓励是非常重要的。基本上，我这么多年在工作室，他们没有看到我生过气、发过火，我就笑眯眯地教他们，因为我觉得首要的任务是要让他们喜欢刺绣，喜欢这样学习的状态。

沈旭炜：那是两种状态，工作的时候是一种状态，非工作的时候是另外一种状态。

金家虹：我工作的时候是非常严肃的，我可能习惯了，动脑筋在做什么（的时候），我（往往）眉头紧锁。但是面对他们的时候，我都是笑嘻嘻的比较多。

沈旭炜：是的。金老师，还想麻烦您谈谈对我们政策的看法，您刚刚也提到了"工美专项资金"。

金家虹：对。

沈旭炜：比如说，杭州清河坊那边有一幢工艺美术楼。

金家虹：这个已经没有了，现在都在工美馆，那些老师基本上都搬到工美馆里去了。

沈旭炜：都搬过来了？很多大师似乎都是从那边搬过来的。

金家虹：对，手艺人很艰苦，如果要租房子做工作室，是非常艰苦的。所以，当时的大师楼是有专项资金支持的，为这些大师提供了免房租的优惠条件，这样他们的处境会好一点。后来，工美馆将他们都争取过去，也是以这个政策为先的，就是免大师房租，让大师安心地在这里创作，这其实是很重要的。

沈旭炜：非常重要。金老师，您能帮我们评价一下政策的变迁吗？譬如说，您年轻时的政策和现在的政策有何不同，以及像"大师带徒"这样的项目中所蕴含的政策因素。

金家虹：当然，政策的作用是非常重要的。作为传承人，我们也很想去做传承去做普及，但是我觉得个人的能力是有限的。你说的政策资助，我觉得可能是两个方面。一个是主流媒体的宣传，这一块是很重要的政策。我觉得近年来，主流媒体对传统工艺的重视和宣传越来越到位，包括"非遗进校园"这一块，学校里对传统工艺也有了更多认知，这些变化源于职业教育的一个政策。在大政策下面，会引进更多的非遗传承人来教授技艺性操作的课程。学院的老师可以讲理论课，但是实际操作这块却有所欠缺，所以学校请我们去上课，其实都是大政策范围之内的。比如说"大师带徒"项目，当然起到了一个更好的带头作用，因为它提供了一部分的资金资助给有志于学习和传承传统手工艺的学员。另一个是资金资助。确实，你说有政策，但是带徒的所有费用都要由传承人承担，还是比较辛苦的。我就觉得，如果政府愿意在这方面提供资金资助，相对来说，传承人可能会更积极地做更多的传承方面的工作。

沈旭炜：好的，金老师。您能不能谈一下，在我们当代生活中，手绣的价值可以体现在哪些方面？

金家虹：现在应该是逐渐地在回归其生活本源，毕竟刺绣本来就源于生活。在古代，它可能是一种非常平常的源于生活的技艺。宋代之后，刺绣跟绘画结合，慢慢往艺术化的方向演变。后期可能它的"工"比较重，涉及一个推广和普及作用，所以很难一下子回归生活。现在又好一点了，很多人开始有这种意识，比如说服装上的刺绣，

金家虹参加杭州京杭大运河博物馆非遗展活动（摄于 2007 年 6 月 8 日）

以及一些日用品上面的刺绣越来越普遍，这也是一种趋势。像现在汉服文化的逐渐复兴，都是跟着一个大文化在走的。

沈旭炜： 对，跟着大文化在走。

金家虹： 传统文化正在慢慢落地，生活化了。刺绣也一样，逐步走入日常。我觉得是这样的。现在很多服装品牌想要走向国际，在服装的定制，以及包、配饰的设计上，慢慢地回归生活的本质。现在，越来越多的人希望刺绣能融入生活。当然不是说整件衣服都要"高定"，从上绣到下，而是它可能是一件很朴素的衣服，但在胸口这里会绣点东西，肩膀这里会绣点东西，人们愿意花点钱来做一点稍微与众不同的东西。这其实反映了整个社会大环境的变化。我觉得，这种趋势在南方地区是特别明显的。我在北方的一些刺绣朋友就说，没有很清晰地感受到这些。在南方，比如说喝茶，比如说学琴，比如说香道，这些都比较容易在文化范围之内做一

金家虹在杭州工艺美术大师楼刺绣工作室（摄于 2008 年 7 月 16 日）

个结合，而刺绣其实也是其中的一部分。

沈旭炜： 跟大文化有关系。

金家虹： 真的非常有关系，而且现在杭州特别强调宋韵文化这一块，所以就更加（强化）了。

沈旭炜： 金老师，您能评价一下工美馆的"大师带徒"项目的作用吗？

金家虹： 工美馆，是我最佩服的博物馆，这不是恭维话。其实我们是跟着工美馆一起成长起来的。它应该是在 2011 年建馆的，2009 年就开始征集作品。我是在 2008 年创办工作室的，他们在 2009 年就开始到我工作室来了。从无到有，一开始我们捐赠作品，工美馆还征集我们的作品，再后来我们工作室也入驻工美馆了。最初几年，我还待在那边，那个时候王梅他们还没有出来。我在那边也待了几年，后来我的工作室慢慢扩大，感觉（大师工作室的空间）有点小了。不过现在我仍然是签约入驻的，只是没有重大事情的时候我不常去，但我也是工美馆的人。我觉得工美馆的每个人都给我一种印象，就是一个人能顶好几个人，他们能处理很多的事情。他们做的事情并不是形式化的，这一点让我感觉挺好的。他们不是为了一个任务而去做事情，没有这种东西。相对来说，他们还是真心地想做好这件事情的。所以，我挺佩服他们，包括工作人员，那么多年来，就看他们一直勤勤恳恳地在做各种事情。

沈旭炜： 是的，很认真。

金家虹： 认真的，而且不是一般的认真，这种认真状态，我是觉得挺好的。可能我自己做刺绣时也是一个较真的人，所以我还挺喜欢跟这些认真的人合作的。

沈旭炜： 金老师，您参与了"大师带徒"项目的第二轮和第三轮，您觉得这个项目有哪些可以改进的地方呢？

金家虹： 刚才我也一直跟华鸣他们在聊。我觉得，"大师带徒"项目的第一届其实挺好的，成效特别好，持续了5年。我们知道学一个技艺，其实头3年是出不来什么东西的，很多个性化的东西都会在后面2年出现，所以当时设定5年的时间应该是经过考证的，因为可以看到真实的成果。然而，后面第二轮有点可惜，只有3年，他们刚刚要出成绩的时候就停止了。当时，我也提过一个意见，就是说可不可以让第二轮中学得好的、想继续学下去的、有待提高的人也可以在第三轮中继续参与，但当时的考虑可能是希望普及更多的学员，所以回复说不行，第三轮还是招了新的人。3个人的话，随便找找好了，现在有很多人还是挺喜欢刺绣的。这样的话，第二轮的3个徒弟中，有2位留了下来。还有1位徒弟原来是学设计这一块的，她可能有更多自己的想法。但是她说后面有机会的话，她还想再回来。所以我刚才在跟华鸣他们说，可不可以再设立一个提高班？比如说，在前几轮的学生当中挑选一两个比较拔尖的、现在还在继续从事这个行业的、想继续研究和传承这个行业的学徒，让他们拔个尖。有时候，我觉得还是很可惜的，3年基础学好了，就走了，是吧？就很可惜。我觉得如果可以这

金家虹大师作品单面绣《羽裳》

金家虹大师作品单面绣《趣》

样的话，相对来说，就能真正地留住这个项目里的人才。我们需要一个后续性的东西，而不仅仅是回访，让每个学员都有一个持续提升的过程。在学的那 5 个人中，可能并不是每个人都会继续学下来，但是如果有一两个人能够坚持下去，每一轮能够留下一两个人的话，几年积攒下来，传承人就会逐渐增多。

沈旭炜：金老师，我还有最后一个问题，能不能从您的专业视角出发，帮我们提一下，如何提升手绣或者其他工艺美术的影响力，您有没有一些建议？

金家虹：影响力，就是你有新的作品，要创作出来新的作品，这是最好的宣传、最好的影响力。就像我们各自的作品，一旦形成了自己的风格，自然会在行业内产生影响力。

沈旭炜：还是需要有好的创作。

金家虹：当然要有好的创作，还需要有像工美馆这样正能量的机构来推进和宣传。

沈旭炜：这个才是最核心的。

金家虹：对，对，影响力，现在很多宣传，都是一阵一阵的，在大家的心里留不下非常深刻的印象。只有作品出去了，相对来说，被更多的人看到了，才会有影响力。我当时就说过，比如说当代杭绣的影响力，现在有原创的不是我一个人，有 10 个人都在做杭绣，都有自己的原创，那么在我们 10 个人中找到的共性，就是我们杭州刺绣当前的特点。找到了这个特点，出去以后人家一看就知道这个是杭绣，那杭绣整体的影响力就会上去。但最终还是要有人，有人才是最重要的。没有人才，空叫的影响力是没用的，是吧？大家听过一遍也记不住，因为留在脑子里、记在脑子里的，往往不是文字，而是图像。如果有一幅好的作品，它首先会给人们留下深刻的印象，然后人们再去探究其背后的文字。

沈旭炜：从工美馆的角度来看，其实更应该和大师携手，共同探讨如何助力学生及其作品的发展。

金家虹：对，我觉得学生需要后续的提高。其实这个是工美馆可以做的事情，比如说在初期招收学徒的时候，3年内收集一件作品，对吧？经过提高训练之后，再收集一件作品，这样就能非常清晰地看到这两个作品之间的变化。他们经过不断地学习，作品是会有变化的。

沈旭炜： 对，这个还是蛮关键的。

金家虹： 这就是工美馆做这件事的价值。我觉得，最终将人才的培养成果以作品的形式留在工美馆，其实就是价值。当代人可能是没有太多感受的，但如果从后代的角度来看，他们通过对工美馆留下的这一个阶段的杭绣作品进行分析，可能就找到了一个点。虽然（这些人和作品）都有个性，但总能找到一些共性，那它们便是这个时代杭绣作品的特点。后人不可能从每个创作者手中逐一欣赏并分析这些作品，但是在工美馆，他们可以非常清晰地看到这一批东西，可以很直观地表达出感受。

沈旭炜： 谢谢金老师，今天的讨论也将近一个钟头了。

金家虹： 没事，我之前也和他们讲了很多。

沈旭炜： 我觉得您确实有深厚的理论功底，与纯工艺出身的老师还是有些不一样的。

金家虹： 我就觉得学校里出来的，总还是会有一些不一样的。

沈旭炜： 您对手工艺的理解，以及影响力，还有教学方式（的理解），给我们带来了很大的启发。

金家虹： 毕竟教了那么多年了，（笑声），而且教的都是各不相同的人。

沈旭炜： 金老师，您看一下，因为我们后面可能想要出一份报告，能不能麻烦您帮我们签个字。

金家虹： 好。

沈旭炜： 谢谢金老师。

郑胜宁

乡间小路通胜境，以刀为笔著春秋

浙江省工艺美术大师　郑胜宁

　　郑胜宁，男，1943 年生，籍贯浙江乐清，1971 年工作调动至
杭州定居。浙江省工艺美术大师，高级工艺美术师，杭州黄杨木雕
（杭州木雕雕刻技艺）市级非物质文化遗产代表性传承人，上城工匠。
原浙江省工艺美术研究所木雕研究室主任，中国木雕艺术大师，中
国根艺美术大师，中国十佳民间艺人，被联合国教科文组织、中国
民间文艺家协会联合授予"中国民间工艺美术家"称号。从艺 50 余年，
一直秉承和弘扬优秀的民族传统文化，木雕风格既继承传统又面向
现代，作品的主题和表现手法亮点频出。擅长木雕人物、动物雕刻，
并在名人肖像刻画、当代生活题材展现、历史题材诠释、根艺雕刻
创作及室内外雕塑艺术等方面有高超的艺术造诣和扎实的造型功底，
作品达到形神兼备的艺术境界并具有独特风格。现为杭州工艺美术
博物馆大师工作室入驻大师。

访谈地点：杭州市拱墅区小河路334号杭州工艺美术博物馆2楼木雕大师工作室

访谈时间：2023年5月26日（周五），下午

访谈时长：46分20秒

访谈对象：郑胜宁

访谈人员：沈旭炜

访谈内容：[1]

沈旭炜：郑老师，您好。这次我们想围绕"大师带徒"项目，深入探讨中华优秀传统文化的传承，并向您学习。如果有一些不到位的地方，还请您海涵。

郑胜宁：不客气。

沈旭炜：郑老师，您从事木雕这个行业大概多长时间了？

郑胜宁：时间长了，我是从 1958 年开始在乐清学习黄杨木雕的，乐清的黄杨木雕是著名的浙江三雕之一，另外还有东阳木雕、青田石雕。

沈旭炜：那时您还相当年轻呢。

郑胜宁：那时候我只有 16 岁，去的时候还要通过考试。那个时候，一个地方国营厂招工，门槛相对是比较高的。特别是在农村，能够有机会到工厂里学艺，是很不容易的。在我的记忆里，考试是在柳市的一个小学教室里，教室里坐满了考生。考试考什么东西？主要有两样。一个是

年轻时候的郑胜宁（摄于 20 世纪 60 年代）

1　本篇文字内容基于访谈整理，之后得到郑胜宁老师的润色调整。文中所有照片均由郑胜宁老师提供，在此表示诚挚感谢。

浙江省工艺美术三雕研修班的师生合影（倒数第二排右一为郑胜宁，右二为陆光正；前面第一排左一为陈成斗，左三为王凤祚。摄于 1966 年 3 月）

静物素描，我印象中是一个茶杯、一个苹果，摆出来给大家画。另一个题目叫《夏》，夏天的夏，看考生怎么构思并把它画出来，反正就按照自己的想法去画。我画了一个小孩子，在农村送茶，拎着个茶壶，戴着顶草帽。考完试大概过了两三个月，我收到了木雕厂的录取通知，从此，与木雕结缘。进厂后，总共有 15 个同学，由王笃才老师担任师父。王笃才老师为人朴实，技艺水平也很不错，曾在中国美术学院进修过。

郑胜宁：当时厂长是王笃纯，（指着一张老照片），这个是王凤祚先生，一代宗师，他是王笃纯的爸爸，王笃才的叔叔。

沈旭炜：就是这个厂吗？省工艺美术。

郑胜宁：不是这个厂，这个是研究所，省工艺美术研究所，在杭州。

沈旭炜：郑老师，你们那个厂的全名叫什么？

郑胜宁：地方国营乐清黄杨木雕厂。

沈旭炜：当时应该属于大队或者国家的单位吧？

郑胜宁：政府的，二轻系统。

郑胜宁：当时，王笃纯到现在的中国美术学院学习后，他父亲让他回去，意思是"你可以把农村里那些散落的搞木雕的人组织起来"。他是肩负着父亲和文化厅领导的重托把木雕艺人组织起来了。一开始有 9 个人，到了 1958 年，工厂已经发展到了 100 多个人。

郑胜宁：木雕也是传统民间艺术，我自己也特别有兴趣去学好它。

沈旭炜：对，除了兴趣之外，还有没有其他？比如刚刚您说的，工作环境可能会相对好一点。除了这些，还有没有其他的一些（原因）？

郑胜宁：还有一个嘛，生活有保障。

沈旭炜：生活有保障。

郑胜宁：我的印象中第一年的生活费是 12 块钱。（笑声）。

沈旭炜：一九五几年？

郑胜宁：1958 年。

沈旭炜：是每年还是每月？

郑胜宁：每月。

沈旭炜：每月 12 块，那很多了。

郑胜宁：第二年，15 块。第三年，18 块。每个月都给我生活费。

郑胜宁：还有一个，一年两套工作服，春夏各一套。所以，这也算是衣食无忧，生活有保障。这都是地方国营单位的福利待遇。

沈旭炜：确实。当年做出来的这些木雕作品，是不是会被国家当作国礼赠送？

郑胜宁：是的，是的。当年黄杨木雕作品主要是出口外销。出口外销到哪里？由上海进出口公司包销，我们的作品做好以后，运到上海。上海进出口公司有任务的话，我们来做。另外，北京工艺美术服务部也会向我们提出礼品、展品的需求。因为当时业务比较多，所以招了 15 个学生，再过了几年，到 1964 年，又招了 15 个学生。

沈旭炜：郑老师，您的师父，可能有好几位，有哪些对您来说印象比较深

郑胜宁在创作大型木雕作品《小刀会起义》（摄于 1997 年）

的事或者话，能不能和我们分享一下？您的师父也是手把手地教您，像您现在带徒弟一样吗？

郑胜宁：对，但是我们是集体学习，15 个学生由 1 个师父带。作品每天入库交给工厂。自己觉得有兴趣就勤学苦练，（大家）基本上晚上、周末都休息。当时年轻，尽管我家到厂里只有 2.5 公里的路，但为了学习，我一般都不回家。

沈旭炜：不回去啊？

郑胜宁：不回去。因为睡在厂里，厂里有食堂，不用自己烧饭。有时候，我们白天做任务，晚上就自学画点画、做泥塑，好的作品我们自己也会临摹学习，或者自己搞创作。

沈旭炜：那时候学习还是很艰苦的。

郑胜宁：有些事情，我觉得，手艺啊，你说很艰苦，我觉得也没有，有兴趣啊。

沈旭炜：对，您刚刚说得对，外人看来很辛苦，但是如果像郑老师您这样

郑胜宁与大型木雕作品《小刀会起义》的创作人员一起（左起：郑胜宁、王笃纯、王笃才、周方德、叶定枢。摄于 1977 年）

全身心投入其中的话，可能就不会觉得辛苦了。

郑胜宁：是的。（笑声）

沈旭炜：对，对。郑老师，我们想知道，当年您师父教您的，您现在有没有传授给您的徒弟？有没有传承下来的东西？

郑胜宁：有的，主要就是木雕的工艺流程。我们有 10 道工序。首先构思立意，巧妙为好；其次塑形，塑制泥稿；再次选取木料、制作打坯、造型修光、擦砂磨光、精修细节、上光打蜡；最后装配底座、落款敲章，基本上就是这 10 道工序。

沈旭炜：这些流程都是您师父手把手教您的，然后您现在也是照样传给徒弟们的吗？

郑胜宁：对。基本上大家的流程都是这样的。现在呢，稍微有点变化。有的时候，大的东西还会用机器来打。现在有打坯机。大的话用机器打，速度快。

郑胜宁赴加拿大考察（摄于
1982 年 10 月）

沈旭炜： 郑老师，除了技术方面，其他的，比如说风格、态度之类的，您
　　　　　的师父有没有传授给您？

郑胜宁： 有的，有的。

沈旭炜： 郑老师，您能不能谈一下木雕在您心中的地位，或者说，您认为
　　　　　它的价值是什么？我们简单谈一下。

郑胜宁： 传统工艺，现在习近平总书记也很重视，从地方到中央，各个省、
　　　　　各个地区都很重视。木雕不仅是传统工艺，不仅是一种雕刻，也
　　　　　是非物质文化遗产的一部分。创作的作品受到大家的关心和支持，
　　　　　创作题材上也要有责任心。所以每天，包括我的家人（都会问），
　　　　　你这么大年纪了，怎么每天还去上班？我已经81岁了，是不是？

沈旭炜： 哦，看不出来。

郑胜宁： 我在这个地方工作，每天（就像）在这里生活一样，吃饭有食堂，一切都很好。我不需要自己买菜，这里都太好了，是不是？我只要安安心心地工作，那就 OK 了，所以每一次（做）作品时，虽然总觉得这个作品做得不够完美，但总还有下次机会去改进。此外，关于您提到的两个新来的学生，一个学生刚刚来，我们并不太了解。我们的学生是通过网上申报的方式，（由我）根据他们的资料亲自挑选出来的。他们的学历和其他方面都不太一样，需要综合起来考虑。

沈旭炜： 除了学历，还有没有其他的？

郑胜宁： 主要就是这几个。我们这里只有 3 个学生，最优秀的 3 个，参与了"大师带徒"项目。另外，我们这里还有 1 个月的短期培训班，是工美馆和浙江经济职业技术学院一起合作的，办得很成功。之前那 3 名学生中的 1 名这次还担任了助教。

沈旭炜： 是的，郑老师。您能不能评价一下，在我们非物质文化遗产的传承过程中，工美馆扮演了什么样的角色或者说具有什么样的地位？

郑胜宁： 它就是为大家做事情的，这么一个机构，各个部门，我们很感激，很感谢的。

沈旭炜： 像这样的一个部门或者博物馆，您在其他地方有没有见过类似的？

郑胜宁： 在我印象中，没有见过。全省其他几个地方，搞木雕的人很多，但类似工美馆的机构似乎没有。还有你说的，绍兴啊，其他地方，反正我们了解的，基本上没有。工美馆这个"大师带徒"项目特别好。

沈旭炜： 郑老师，您年轻的时候在木雕厂，现在在工美馆，那么您在长期从事木雕艺术的过程中，经历了哪些事情？

郑胜宁： 是这样的，我一直都很顺利。退休以后，我在河坊街安荣巷的一个大师楼工作，那里有二十几位大师，在那边我待了 6 年，后来工美馆这里搞好了，我们这批人基本上都过来了。

沈旭炜： 郑老师，您到现在一共带了多少徒弟？

郑胜宁（第一排右二）应邀为中国美术学院成教分院雕塑班执教（摄于 1998 年）

郑胜宁：10 多个，从业学艺到现在，10 多个。

沈旭炜：10 多个，那他们现在的情况怎么样？

郑胜宁：他们的情况都不错。

沈旭炜：都在浙江省内吗？

郑胜宁：都在省内。杭州有几个，乐清也有几个。乐清（的徒弟）嘛，实
际上也算到杭州了，我有一个学生现在在浙江旅游职业学院当老
师，原本我被聘任为浙江旅游职业学院客座教授，当时也是协会
推荐我们几个老师过去的，杭州的方便一点。后来我就当了一年
多的老师。考虑到当时我自己手上的业务比较多，我就只好和系
里领导商量，要么叫我太太来代课，她是学东阳木雕的，毕业于
杭州工艺美术学校。她代了两次课。两个学期过后，我觉得这不
是办法，就推荐了我的学生郑亦平，他年轻，来学校工作很积极，
又到美院进修，领导也很关心。他现在是省大师，这是一个。另
一个学生徐庆丰，市大师，现在在临安净土寺遗址公园开了一家

木雕艺术馆，承接青山湖绿道部分景点项目的建设，创作了几十处室外艺术造型，吸引了很多游客前来打卡拍照。还有一个学生阿旦，陈绵旦，是杭州市民间工艺大师、杭州市非遗传承人，在乐清创建了风骨雕塑艺术中心。还有其他几个嘛，像小吴，吴明亮，中国美院雕塑系毕业，现在有自己的公司，做城市雕塑的项目，活跃在雕塑行业。他是先做雕塑，后来又到我这进行木雕的学习和实践。小董，董欣坤，是杭州市民间工艺大师、杭州市青年文艺人才和浙江省"新峰计划"人才，现在在福利机构教授艺术。还有苏中晓、陈家斌，这些徒弟都一起参与了一些木雕项目，现都在省内从事相关的工作。还有一位是罗媛，她也很厉害。她原本是大学动漫系毕业，后来做设计工作。她设计的东西，有自己的想法，她的作品打破了木雕界原有的框框，做得完全不一样，关键是有自己的想法、爱好，而且能吸引年轻人。她是很有特点的一个，现在留在工美馆木雕工作室。

沈旭炜： 郑老师，学生的创新和他们在技艺上提出的个人想法，您对此是怎样的一个态度？

郑胜宁： 我认为是双向的。各取所长，互相学习，共同提高，重大题材的艺术项目一起创作。

沈旭炜： 郑老师，当时您是怎么知道"大师带徒"这个项目的？

郑胜宁： 工美馆有通知，聘请专家组一道来把关。申请人参加"大师带徒"项目的考试，考泥塑和画画。两样都可以，你画画画得好也可以，泥塑做得好也可以。我是"大师带徒"项目第二轮的老师之一，招收3名徒弟，学3年。

沈旭炜： 郑老师，您在日常工作中遇到过什么困难或压力吗？

郑胜宁： 压力，我觉得没有。

沈旭炜： 郑老师，您在日常带徒弟的过程中，有没有给他们制订一些计划或目标？有没有专门做这一块的工作？

郑胜宁： 互相交流是有的，每年、每月都有一定的学习计划。比如说我们喜迎亚运的作品，我们做了18个运动员，亚运会的项目，都做。

郑胜宁（左）与徒弟苏中晓的日常教学（摄于 2019 年 5 月）

亚运题材我做的是马术比赛。这个作品完成后产生了很大的影响。

沈旭炜：郑老师，您平常有没有和学生一起去外面参展，或者有没有和学校、社区互动？

郑胜宁：这是有的。社区党群活动中心经常叫我们去搞宣传非遗的活动，包括展览或者去现场演示非遗工艺。此外，我们也参加一些庙会、非遗市集，我们有些文创产品，要去摆台展示，能够直接与观众互动。

沈旭炜：蛮好的。就我们"大师带徒"这个项目，您认为自己付出了哪些成本？

郑胜宁：成本是这样的，我呢，说到底，都是在为谁？（政府）每年都要给我们项目补贴，这些钱基本上拿来做什么用呢？这些钱基本上用来买材料、工具，为创作准备所需的材料，还有打坯，也是要雇人打的。

沈旭炜：哦。

郑胜宁：对，反正我们这里有政府（补贴）这一块的话，我就轻松一点。

沈旭炜：对，您能不能对杭州的这个政策做个评价，与其他的城市比较的话？

郑胜宁：我觉得各地的政策当然都不错，乐清啊，莆田啊，他们对传统工艺都很重视。但像"大师带徒"项目学艺资金补助，在其他地方并没有听说过。因为杭州被联合国教科文组织评为"工艺与民间艺术之都"，故有"大师带徒"项目。

沈旭炜：一个称号，是吧？

郑胜宁：对，对。一个称号。

沈旭炜：温州也有很多传统工艺，很重视。郑老师，您现在已经定居杭州了吗？

郑胜宁：我1971年到杭州来的，已经50多年了。

沈旭炜：1971年，很早就过来了。

郑胜宁：很早就过来了，1971年。经杭州市政府同意，我作为专业人员引进到这里。在杭州定居，现在已经三代了。两个女儿。长女郑朝

郑胜宁大师作品《乡间小路》

郑胜宁大师作品《逐鹿》

郑胜宁大师作品《贺》

辉是日本国立东京学艺大学研究生毕业，现在在浙江工商大学担任教授；小女儿郑朝是中国美术学院研究生毕业，现在中国美术学院当教授。她们的下一代也都在（杭州），大女儿的两个孩子，一个女儿是美国圣地亚哥大学的研究生，已毕业，现在在证券公司；一个儿子现在在中国美术学院读书，在学设计。

沈旭炜：基本上都是在这一领域，大的方向，蛮好的。郑老师，您能不能帮我们总结一下"大师带徒"项目对于木雕传承的意义？

郑胜宁：帮助，第一个比较明显的，通过培训，学生、我自己，（有机会被）推荐（到）各种展览会。现在的展览会很多，有文联的，也有民间文艺家协会和工艺美术协会的；有北京的，有浙江的。我获得的奖牌也很多。每年都有两次，参加比赛，展出的作品多，奖牌也多了。当然，更主要的是自己不断学习，不断创新，每年都要做出新的作品，要有艺术匠心。

沈旭炜：郑老师，您觉得"大师带徒"这个项目还有没有可以改进的地方，可以帮我们提提意见吗？

郑胜宁：是这样，我觉得"大师带徒"这个项目确实很好，可以向有关单位提议继续办下去。木雕手艺深受广大群众喜爱，木雕艺术品如陈年老酒，越陈越香。

沈旭炜：再带两次。

郑胜宁：再带一次也可以的，但是这个东西不是我自己说了算的。

沈旭炜：您还可以带。

郑胜宁：我可以带的，我身体也还可以，因为每天都在上班打卡，只要有需要，我就会继续努力。同时，不带学生，可以自己搞创作，我永远迎着阳光在路上。

沈旭炜：是的，是的。

郑胜宁：如果我那个（没机会了），学生们都好带。

沈旭炜：对，他们已经出师了。

郑胜宁：他们都很好，把他们年纪轻的（提上来），是不是？

沈旭炜：好的，谢谢郑老师。您教了我们非常多，特别是您那个年代的故事，对我们来说充满了吸引力。

郑胜宁：如果需要的话，这方面的资料我还可以提供一点。

沈旭炜：好的，我们这边大概就这样了，谢谢您。

郑胜宁：好的，不客气。

孙亚青

青风坐向罗衫起，莲韵看从玉手生

浙江省工艺美术大师

    孙亚青，女，1959年生，浙江杭州人。正高级工艺美术师，王星记扇国家级非物质文化遗产代表性传承人，中国传统技艺大师，浙江省工艺美术大师，浙江工匠，杭州工匠。浙江省孙亚青制扇技能大师工作室领衔人，荣获第三届中华非物质文化遗产传承人"薪传奖"。现任杭州王星记扇业有限公司掌门人、技艺总监，王星记扇博物馆馆长，中国工艺美术协会理事，中国工艺美术学会理事，中国标准化协会传统工艺技术委员会理事，浙江省文化馆理事会理事长，浙江省工艺美术行业协会副理事长，浙江省老字号企业协会副会长，浙江省民间美术家协会副主席，杭州市工艺美术学会荣誉理事长，杭州市工艺美术行业协会副理事长等。从事制扇和制扇技艺的研究指导工作50年，精通各扇种的制作，并擅长扇面的装饰设计、创意构思及结合新工艺与新材料的创新应用开发。尤其是她独特的檀香扇"拉花"技艺，拉花线条细如发丝，均匀一致，流畅自如，技艺精湛。特别善于在檀香扇面上拉出各式人物、山水和花鸟以及各种书法字体，展现出巧夺天工的手艺和奇思妙想，这些元素在扇面上构成变幻无穷、虚实相生的精美图案。

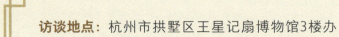

访谈地点： 杭州市拱墅区王星记扇博物馆3楼办公室

访谈时间： 2023年5月30日（周二），下午

访谈时长： 1小时23分48秒

访谈对象： 孙亚青

访谈人员： 沈旭炜、郜珊珊、沈华鸣、吴冕

访谈内容：[1]

沈旭炜：孙老师，您好。我们想了解一下您当徒弟时的故事，您方便与我
们分享一下吗？

孙亚青：好的。我刚进厂的时候，厂长带我到各个车间参观了一趟，问我
想学什么。我没有任何复杂的想法，很简单，就是想学有技术的
工种。领导说："我们这里每一个工种和工序都是有技术的。"
当时有制扇车间、檀香车间、书画车间和黑纸扇车间可以选择。
领导说："你个子这么小。"对，我就70多斤。他怕我做不动，
就先安排我在白纸扇制扇车间，学做穿扇、舞蹈扇嵌绸、铁皮扇
折面、检验包装，再到绢扇矾面。后来领导发现我虽然人长得小，
但是能吃苦、能胜任，心灵手巧，从厂里培养年轻技术骨干的角
度考虑，他把我安排到檀香车间，从事檀香扇的拉花制作。檀香
扇的主要技艺有"三花"：拉花、烫花和雕花。拉花是其中一个
重要步骤，于是我选择了学拉花。学拉花的工具就是一把弓和一
把钢丝锯，用来拉木块，看起来很费劲且难以把握。然而，我不
怕累，我想学技术。刚开始学习时，比我预想的还要苦还要累，
但因为这句话"我要学"，我就必须对自己的承诺负责。当时，
厂里派了10个人一起到苏州去学习交流，每个人对应一道工序，
领导让我负责带队，还有任务要求，确保大家在3个月内学会各
自的工序。这项任务确实让我感到压力很大，但我觉得作为组长

---

1 本篇文字内容基于访谈整理，之后得到孙亚青老师较大幅度的润色调整。文中所
有照片均由孙亚青老师提供，在此表示诚挚感谢。

我要带头学，带头做，克服困难，不辜负厂里给予我们的学习机会。

在开始学习的过程中，因为每道工序技术难度都不一样，所以有的人叫苦，有的人不想学，想放弃。我会跟他们讲，我们是王星记派出来的代表，要相信自己，克服困难，学好手艺。于是，我们这个小团队，每天互相鼓励，在结束一天的工作之后，我们也会轻松一下。比如说，谁讲故事或者唱歌，谁就不用洗碗。我们有纪律，晚上统一住在宿舍里，不能擅自外出。我们会互相交流和分享各自的学艺情况，也会交流学艺的个中苦乐，营造一种轻松和谐的氛围，让大家休息时感到愉快，工作时则全力以赴。然后，说说我自己，师父在教我的时候，我最大的优点就是遇到不懂的地方，我敢想、敢问、敢尝试，因为我们在学艺的过程中，师父不一定会面面俱到地讲细节，我会勤观察、勤琢磨，会自己发现问题，主动问师父，这样他才会和我说技艺的要点。譬如，拉花时的坐姿，这看似无关紧要，但其实很有讲究，不同的坐姿直接影响手部的发力。有时候，师父指导时不经意间的一句话，恰恰是在提点，里面是多年的经验积累和一些技术门道，这完全要靠自己反复琢磨，反复领悟。又譬如，很平常的一个坐姿，师父让我拉花时，会提醒我调整坐姿，但他不会跟我说如果不这样坐的结果是怎么样，我要自己去悟。有时候他做的事让我不能理解，一开始他把他用过的很钝的钢丝锯让我练习。

沈旭炜：不锋利了，拉不快。

孙亚青：对，钢丝锯的锯齿不锋利，使用起来会很费力。师父们一般拉的扇片都是4—5片，相对比较薄，厚度在0.3厘米左右，但是师父让我拉的是1厘米厚的木板，每次都用他已经用过的且不快的钢丝锯练习。我感觉这个过程真的太费劲了，拉木板太累，吃不消。我也问过师父，为什么让我用钝的钢丝锯和这么厚的木板练习。师父说："这就是为了打好拉花的基础，练好基本功，需要臂力的锻炼和毅力的磨炼。只有过了现在最难的关，以后才能胜任拉花的工作。"倘若缺乏手臂的臂力，也就是说这个基础没打好，

孙亚青在车间拉花（摄于 20 世纪 70 年代）

孙亚青在车间拉花（摄于 20 世纪 80 年代）

孙亚青在车间拉花（摄于
20世纪80年代）

以后在真正进行拉花的时候，图案就会上下走形，轮廓也不清晰，
线条也不流畅，有锯纹，也拉不来材质相对硬的扇片，等等。

吴　冕：有误差了。

孙亚青：就这样。开始我也有一些误解，慢慢地才意识到师父是为我好。
这就好比现在我们做妈妈的嘱咐孩子"你多穿一点""多吃一点"，
其实都是这个道理，就是为了你好。你想想，我穿这么多衣服，
已经够了，为什么还要我多穿，对不对？

吴　冕：理解不了。

孙亚青：当时师父在教每道工艺的过程中，跟父母一样，苦口婆心，会唠
叨，会反复嘱咐。他既有言传又有身教。有时语气会很严厉，让
我一下子接受不了，感觉已经很累了，心里憋屈。有时候又会感
觉师父把自己的技术和经验倾囊相授、毫无保留，心有感激。相
对而言，师父也是想尽快地让我打下扎实的基础。回想起来，对

于拉厚板这件事，我曾经还误会了师父，好几天不开心。

沈旭炜、郜珊珊、沈华鸣、吴冕：（笑声）。

孙亚青：后来想想看，是的。师父说："你还不开心，你的个子长得小，体重也就只有 70 多斤，手臂还这么细，一点臂力都没有。"我坚持练习基本功以后，现在手也有劲了，两条手臂也出现了粗细。其实，学手艺都是先苦后甜的。虽然初期只是让你练习一个很简单的工序，比如拉厚板，但如果厚板拉得好，再拉薄的扇片就容易多了。这种训练能够很好地培养耐力、承受力、稳定性。好比举重，200 斤的杠铃举过再举 100 斤的就很轻松了。我觉得这就是一个道理！

吴　冕：还真的是厚积薄发。

孙亚青：对，所以徒弟一定要理解师父，师父也要爱徒弟，其实这个很关键。我现在带徒弟时就想把自己以前所学的经验毫无保留地教给他们，尽量给他们多一点示范、多一些交流，点到、说到，我还会把我初学时的感悟、感受与他们分享，把学艺的三部曲都告诉他们——"吃得起苦，耐得住寂寞，留得住心"。

沈旭炜：就是告诉徒弟了。

孙亚青：告诉徒弟，在学拉花这项技术之前，看到师父们做出的扇子这么漂亮不需要惊讶。其实，他们在初学时也会碰到这样那样的困难。在学每一道工序时，他们会反复地学，反复地琢磨和练习，会很枯燥，又苦又累。这些会让徒弟明白学艺的艰辛过程。

吴　冕：很单调。

孙亚青：对，虽然每道工序看起来都很单调、单一，但是每一步都有各自的技术含量，只有扎实掌握每一道工序的要领，打好基本功，才能循序渐进。环环相扣，对不对？

沈旭炜：是的。

孙亚青：在学徒研习实践技艺的同时，我也会将一些理论知识和基础知识巧妙融合，并紧密关联于实践操作。遇到具体问题的时候，我会针对性地做一些分析，讲一些道理。比如说拉花时手臂为什么要上下用力均匀，如果用力不均匀会出现很多问题；比如说磨凿子时的角度为什么很讲究；比如说敲钢丝锯时，凿子和钢丝的角度及锯齿的间距为什么有这么多道道；等等。我也是这样走过来的，对不对？以前是严师出高徒，师父会批评多一点。我们现在做师父要改变教学方式，不能以批评为主，而是要从学艺、做人、做事多方面引导。

郜珊珊：鼓励为主。

孙亚青：我以前是吃批评为主的，师父老是说怎样怎样，然后"叭"，一记批评过来了。因为那个时候是徒弟想学手艺，现在是我们追着徒弟"喂"手艺。记得我带过一个徒弟，当时他快要出师了。我也很喜欢这个徒弟，聪明伶俐，有悟性，可是他爸妈觉得他太累，家里经济条件也不错，就反对他继续学艺，让他辞职。我感觉很可惜，也很难理解这种教育方式。我记得我刚入行的时候，老妈、老爸就叮嘱我，干这一行就要爱这一行，这是有技术的，再苦也要学下去，要经得起磨炼，对不对？我自己后来要学，再苦再累都不放弃，初学的时候两只手酸痛到吃饭时连筷子都夹不牢。回到家里，大人看到了问："咦，今天怎么不对了？"我说："没事情。"我就自己忍着，不想让他们担心。然后问师父，我这样的酸痛会持续多长时间？他说："基本上会持续1个月左右，然后半个月过去以后，疼痛会慢慢减弱。"好，我就这样心里默默地倒计时。当时我还会用笔记本记录，只是现在不知道放哪去了。（笑声）。我会记一些每天学艺的过程，今天学了哪些环节，出了哪些问题，师父讲了哪些要领，以及明天想要问的一些问题和自己当天的感悟，等等。一天又一天地记着日记。有时候回头看看自己的日记还是蛮有意思的。其实，在看的同时也是在不断地积累，不断地总结，见证自己的成长过程。

慢慢地，我从拉木板到拉扇子的大边，再到拉扇子内芯，逐渐开始尝试拉图纹粗一点的图案。随着技术一天天的进步，我就慢慢地可以拉一些纹路复杂、线条细密的图案了，其实我也会不断地给自己在拉花技术上加压。像我们这一代，想学一门专业手艺的人很多，好胜心也很强，就觉得能够学到一门手艺，心里踏实，感觉手里有了铁饭碗。我在学拉花时，心里有一个目标，不断挑战自己的能力，我不满足于简单的工艺制作，只是想拉难度大的、花纹细的、图案结构复杂的，比如人物、花鸟等，这就是我性格中的挑战特质。

　　我还有个习惯。我在学艺的时候很喜欢问，问师父、问同事，"为什么会这样""为什么要这样""如果不这样会怎么样"，等等。我也会观察每个师父在拉花过程中是如何拉的，对照自己的做法，并找出不足的地方。我还会根据师父说的去做或做反向的尝试，最后得出自己想要的结论。比如，师父跟我说一句："你磨凿子的时候应该要平一点或者斜一点。"至于斜到多少程度呢？"你这样磨磨，基本上是 10 下左右。"但 10 下左右，每个人体力不一样，用力不一样，磨出来长度不一样，等等，结果会完全不同。虽然师父只说了一句话，但是里面的门道很多，我的习惯就是多看、多问、多试、多琢磨。对不对？

沈旭炜： 对，对。

孙亚青： 师父压下去重或压下去轻，结果也不一样。师父的 10 下我可能要 15 下，那我会 10 下、15 下甚至 20 下地反复探索。

沈旭炜、沈华鸣：（笑声）。

孙亚青： 我自己实验的结果是师父的 10 下，我可能要 15 下或者 20 下。师父教的往往是一个概念和一种方法，我们一定要走进他的概念里，弄明白，找到自己的方法。沿用一句老话就是"师父领进门，修行在个人"。比如说，高科技领域通常有很精确的标准，每道流程是按标准去做的。但学手工艺是不一样的，结果是有标准的，但操作、制作过程中的技艺是因人而异的。

沈华鸣： 每个人都不一样。

孙亚青： 都不一样，所以，第一，我喜欢去比。师父为什么会这么说？这个同事为什么在拉花的时候是这个姿势？那个同事为什么又是不一样的姿势？第二个，喜欢多问。"师父，你为什么要我这样？"
即便他说"为什么要这样，你就按照这样去拉"，（笑声），我
仍会追问为什么不能竖直一点。我就会这样多问。哪怕一个姿势、
一个拉花的声音、一个敲齿的声音都能悟出很多门道来。其实这
对弄清门道、提高技能有很大的帮助。还有一点，我们学艺要脸
皮厚，不懂就要问，没搞明白就要问，主动性要强。我总觉得多
问问师父，师父多和你说说，这应该都是为了尽快提升我们的技
艺。反之，我不问他，他也不说，由着我们自己琢磨、自己做，
你觉得能学到手艺吗？所以，对我来说，现在也是一种言传身教。
对现在的学生，你要去跟他交流、沟通。其实我们交流的方式有
很多，其中一个是技术上的交流，而更重要的，我觉得是在感情
上进行交流，这个是很关键的。我得让他们感觉，学有所乐、学
有所获，挖掘他们的个性特点，培养他们的个人特长，提升他们
的学艺兴趣，走出误区，因材施教，使他们能够真正地学到一门
自己喜欢的技艺。

沈旭炜：嗯，真正让他们喜欢上。

孙亚青：还记得我刚进王星记时，单位属于全民所有制，这份工作在当时
是一份相当稳定而体面的工作，再加上这里是我从小熟悉而且喜
欢的地方，所以我很珍惜。

现在的就业环境更复杂，就业选择多。青年人的就业心态相
对浮躁，沉不下心。所以，现在教学的方式，我觉得发生了一个
质的变化。你教技术，在他叫苦的时候，你要给他一点动力和鼓励；
在他开心的时候，你要给他一点压力，他会更容易接受。可能他
回到家以后，父母会说："哎呀，孩子太辛苦了，应该让他做出
选择。"我们会因人而异，会分析每个人的特长、强项，人与人
之间是没办法比的，只有适合自己的才是最好的。比如说，这个
人写作很好、能说会道、性格外向，那他不一定适合我们的手艺
岗位。那如果说这个人能静得下来，而且悟性很强，还吃得起苦，
性格内向，那他就很适合我们这个岗位。所以，我们要发掘他身

上与岗位相契合的亮点和优势，然后再将其去跟我们的学艺相结合。我们既要留住人，又要留住心，这个也很关键。因为现在择业空间更大，所以我觉得要留住人，首先要留住心。对于留住心，你首先要给他讲一些超越物质鼓励的信息，单靠饼干和面包的鼓励已不再有效。以前还说酒香不怕巷子深，现在酒香也要常吆喝，是不是？这完全是不同的概念。现在带学生比以前带学生更难，以前带学生是学生要学，师父要挑选学生；现在是师父要学生学而不是学生要学。现在好像是我们想要他学，他是为我们而学，我们现在师父带徒弟就是要跟父母带小孩一样，去爱孩子，包括生活上的嘘寒问暖、情绪上的波动变化、工作上的稳定性，都要及时了解、关心和帮助，让他们能安心学手艺。

沈旭炜： 技术没有变，但是时代在变。

孙亚青： 时代在变，所以，首先一点，要把距离拉近，包括管理也是一样的道理。它有很多方面，有的人就是不理解。形形色色的人很多，可能这一套方法，适合这几个人，但不适合那几个人，对不对？我之前带过一个学生，他有3次提出辞职，要走，3次都被我说服、打动。我给他分析："你这个人我觉得是个很好的苗子，在这么短的时间里，你已经比一般人超前学到了技术，学历跟手艺还是分不开的，学历越高，悟性越强，一点就通，这是你的强项，对不对？但是你的短板是个性比较内向，不善于言谈。我觉得去考公务员，笔试没问题，真的要实践下去，会很难适应公务员岗位。"他觉得我分析得很有道理，他也很适合自己目前的岗位。后来他就说："师父，我就觉得这样一辈子难道……如果说真的都传不下去了，那为什么要传下去呢？"他问了这个问题。（笑声）。

沈旭炜： 问了这个问题。（笑声）。

孙亚青： 我觉得师父永远要"学到老、做到老"，我们边带学生边成长，学生成长我也就成长了，对不对？在带每个学生的过程中，师父要善于发现他身上的光环、他身上的亮点。他在学的过程中，师父可能在他身上以及下一个学生身上有不同的教学方式，也会不

外宾参观王星记制扇技艺（左一为孙亚青，摄于 20 世纪 80 年代）

外宾参观王星记制扇技艺（左一为孙亚青，摄于 20 世纪 80 年代）

断地总结，其实师父带徒弟确实也有舍有得。舍的，是我需要花很多的精力去对付他，有可能一番培养之后还留不住人才。得的，是我不断地提升自我，哪怕以后我不带了，我的学生也会成为师父，像我一样继续教他的徒弟，爱他的徒弟。这就是在积累师父带徒的招数，所谓的一招、两招、三招怎么出来，就是这样出来的，对不对？

吴　冕： 这也是一种方法，慢慢成为成长教学的方法。

孙亚青： 教学的方法，一定要让学生放松去学，喜欢去学，他才学得好。如果老是给他压力，他就越学越迟钝，他会觉得"我是不是就这么笨，我是不是就这样也学不好了"，越是紧张越学不好，就会失去学艺的信心，灵气是鼓励出来的。要让他看到进步的地方、好的地方，到时候多给他找找窍门，他会越找越有信心，越找越多，越学越有劲，越学越有方向。比如我学驾驶时，旁边的教练说："方向盘是圆的，你现在打的方向是方的。"因为我心里太紧张，怕方向盘脱手，所以手捏得很紧。后来领悟到教练这句话很经典：方向盘是圆的，越是放松，开汽车越稳。如果速度开得快，捏得很紧的话，一打方向盘就会跑偏，会不安全。

　　我们学艺也是一样，很多东西是相通的。如果师父一定要求怎样怎样，我们就自己掌握一个原理，反复琢磨。同时，你在跟师父学的时候，不要老是只盯着一个人看，你一定要多看几个人，在每个人身上你都能找到亮点和技法，每个人的亮点和技法就是你要学习的东西。单个手艺人可能并不是技能全才，他们各有专长，也可能各有不足，对不对？包括做人也是一样的，人的能力也是一样，每个人身上都有亮点。我们学徒要善于发现每个人身上的长处和短板。如果说学徒能够真正领悟这些优点，并将其融会贯通，内化为自身的能力，那么这样的学习就是灵活而有效的，而不是一根筋地死学。

沈旭炜： 谢谢孙老师，您把这么多年的心得与我们分享。孙老师，您这么多年一共招了多少徒弟了？

孙亚青：我现在已经说不清楚了，反正我在给社会培养人才，二三十个总有的吧，现在他们的孩子都叫我奶奶了。（笑声）。

沈旭炜、沈华鸣：（笑声）。

沈旭炜：孙老师，您当时去苏州学习的时候大概多大？

孙亚青：19 岁。

沈旭炜：记得这么清楚？

孙亚青：那肯定的，18 岁进厂的，19 岁去苏州学习的。一开始进厂的时候，厂里就让我学做这个扇子，学做那个扇子。我最大的特点就是好学、好动，不怕苦，善于接受新的东西。相对来说，还有一个是个性好，很爱开玩笑，老师父们都喜欢，会说："我喜欢亚青，不娇气，做事情速度快，不偷懒。"事情要干，就要把它干好。由于我能挑战、有悟性、会吃苦的个性，所以相对来说，我调动工种的概率会更高。不要安于舒服，如果现在就想到要舒服，工作轻松一点，舒服一点，安于现状，那就什么也学不了，什么也学不到。再说，这不是我的个性。有句话说得好，"机会是给有准备的人"，我调过七八个工种，自然学手艺的机会就更多了，同时掌握的也就多了。很多时候，哪里需要我，我就会服从工作安排。后面慢慢地，领导也好，车间主任也好，遇到难度大的、技术性高的任务，会想到我，让我去。比如说檀香扇拉花有很多情况，有好拉的，也有难拉的，不同材质的。如果我技术不到位，高端檀香就不会分配给我做，我只能拉一般的木头，对不对？后来我的技术提高了，可以拉檀香了。但因为业务需要，我有时候也会被分配去拉很硬的难度很大的石板木，比现在的乌木还要硬，但是拉它的工价比拉檀香木低，因为不划算所以没人要做。而我会主动承担生产任务，不计较。当时有人说我笨，说安排你拉你就去拉，但我会考虑车间主任落实生产安排的难度，吃一点苦，钱少赚一点，到最后我所做的一切都会得到大家的认可。这样既为厂里解决了生产压力，又让自己得到了挑战机会，何乐而不为？有时候做人和做事一样，要多为单位想想，多为他人想想，少计较得失，还能留下好口碑，这也是我们作为员工应该做的事情。

沈旭炜、沈华鸣：（笑声）。

孙亚青： 但是我得到的是什么？回想过去，其实我也了解了很多在工艺制作、企业管理等方面的要点和难点，譬如说教学生的时候，很多难题我都碰到过，现在，这些对我来说就是经验，对不对？比如说，现在无论是选择材料、制作工艺，还是流程安排、工时估算、难度把控，什么能做，什么不能做，我都了如指掌。人家为什么会说扇子的门道是说不过孙亚青的？因为很多扇子的工种我都做过。在一线工作的时候，我也有跳槽改行的机会，但我没动摇，一根筋，一辈子死心塌地就在王星记做一件事。从开始不了解、有动摇，到后来越做越想做，越做越有感情，到现在为止，感觉这是一份责任，要退休也好退休了，我 65 岁了，但是也没退，总觉得离不开。有一句大家对我的评价："孙亚青是为扇子而生的。"我很认可。看来我这辈子就和扇子打交道了。

沈旭炜： 对。

孙亚青： 责任感，人家也在我身上看到了，这个年纪还在工作，那么我们应该要学一点，也要有点担当，有些责任。

沈旭炜： 言传身教。

孙亚青： 从我们身上可能有的人会悟到，有的人悟不到。

吴　冕： 从小观念不一样，所以理解行为的方式也不一样。

孙亚青： 手艺，特别是手工技艺、传统工艺，现在国家为什么重视，因为这个也是我们中国几千年传下来的文化精髓，这些文化精髓如果丢了，我觉得是很可惜的。现在很多高新科技引进来很方便，但相对的，它是一把双刃剑，进来的是高新科技，把产量、产值都做大了，但是"后继无人"，失去了传统文化精髓的传承。这个东西还是要有的，我们既是奉献者也是牺牲者。（笑声）。高新科技进来后，现在我们这种拉花也不要拉了，可以让电脑雕刻出来，对不对？电脑出来有哪些不好，弊病很多，是不是？有时候他们的文章让我修改，"要做大做强"，这几个字我总是划掉。

孙亚青大师作品 40cm 细刻彩绘画金乌木扇《莲韵》（正面）

孙亚青大师作品 40cm 细刻彩绘画金乌木扇《莲韵》（背面）

什么做大做强，我们要做精做优做特色，这个才是企业的定位和生存之道。

沈旭炜： 生存之道。

孙亚青： 这种东西如果做大做强，那么可能会做烂，对不对？做大做强，员工做了很多，东西"哐哐"地都是机器出来的，都是一个样。这种机器出来的东西都有同一个 DNA，里面根本没有灵魂，没有生命力，千篇一律，没有看头，更没有收藏价值。这些东西都是复制版，最终会被淘汰，对不对？如果我们做个性化做特色做优做精，人家不能复制，这个才是我们要保护和传承的核心。

沈旭炜： 孙老师，您可以就如何提升"大师带徒"这个项目的影响力提出一些建议吗？

孙亚青： 要把工美馆做活，我们现在这个项目正好 5 年、3 年、3 年，这样已经 11 年了。

郜珊珊、沈华鸣、吴冕： 2012 年开始的。

孙亚青： 在我脑子里，5 年、3 年、3 年，11 年干下来，其实也是不容易的，但也坚持下来了。徒弟也是带出了很多，怎么让这些带出的徒弟继续发挥传承作用，我觉得还是要回归于工美馆，光是培育还不够的，后面还是要再跟下去。从大道理讲，给社会培养人才，为这个行业培养人才。之后，工美馆要在教学上总结一套经验，也把研学、教学做起来，成为一个产学研的培育基地。

沈旭炜： 现在好像是在尝试。

孙亚青： 现在的尝试还是固定式的，我觉得还是要流动式的，会比较理想。固定式呢，反正就像坐在板凳上，对我来说，这些是硬件，软件还是要增加的，要会弘扬、传播，会"造血"，提升转化率。但这些人能不能转化再造血，这是一个问题。

沈旭炜： 对。

孙亚青： 如果真的要做研学基地的话，按照现在的人脉、师资力量显然是不够的，肯定要有提升和增加。研学的模式、内容、配套用具，以及最终的呈现方式，都要通盘考虑和谋划。

沈旭炜： 各方面的。

孙亚青： 因为需要更专业的人，对于很多课题，还是要专业的人去做专业的事。工美馆平台很大，政府对这一块还是很重视的。怎么借助这个平台去做？我觉得，我们工美馆名头也是蛮大的，属于国家一级，那么就要在全国博物馆中做有地域特色、有亮点的馆，千万不要去复制其他博物馆的模式。就像学唱歌，和师父一模一样就永远超越不了师父，最多说是一个复制版，一定要做有亮点、有看点、有特色的博物馆。游客到我们工美馆来，他们关注的是我们有什么特色。我们不能做复制品，也要让别人不可复制。这是两个命题，一个是不可复制，一个是不做复制，这个就有难度、有高度、有差异化了。这个就是需要我们不断思考、不断提升、不断挖掘的命题。

沈旭炜： 孙老师帮我们把明年的工作全部布局好了，提出了两个很好的命题。

孙亚青： 这个是很关键的。再一个，工美馆要专门成立一支社会上的专家团队。现在的社会，学院派的，行业派的，民间派的，人才济济。我觉得我们要不断吸收他们，把他们的理念吸收到我们工美馆来。任何东西必须要有新的血液进来，才有新的活力。

沈旭炜： 血液不够。

孙亚青： 吸引力不大。我觉得要换血，要年轻的，要有新生力量，再加几个老的，也没问题，但相对来说，还是要新生代多一点。新的血液进来，就会有新活力、新思路、新特色，然后慢慢地让他们来参与一些大讲堂。这个大讲堂是有特色的、不可复制的。这个大讲堂就是工美馆的命题，可以把它们都做起来，去替代和转化我们现在的一些陈旧模式。总之，我们既要有活力又要有创新，去打破以前框架式的模式。我们工艺美术里既要有专业的、学院的，也要有民间的，理论跟实际相结合会更贴切一点。在我的概念里面，我们工美馆就是这几个人，专家也就这几个，新的真的是不够的，能替代的不多，必须每年有一些替代，每年要有更换，否则老套路、老思路，不管做什么活动，都是复制的，没看头。我这个人不大会奉承人，既然来问我，我就把心里话滔滔不绝地说出来，如果说错了，也请多多包涵。

沈旭炜： 孙老师，可否麻烦您帮我们再回顾或者评价一下相关的环境？

孙亚青： 我觉得，对于我们传统手工艺、非遗项目来说，以前是以政府为主导，现在是政府给我们更多政策性的引导，提供更多的平台支持，灵活性和空间更大。我们很多博物馆要改变以静态陈列为主的参观形式，要以动静结合的模式去办馆；要让博物馆的藏品"有故事、能说话、有看头、能传播"；要让我们的藏品"有语言、有颜值、有活力"。通过这种形式的办馆可以促进深度互动，让大家有更多的了解，更喜爱，会去传播、分享。

沈旭炜、沈华鸣：（笑声）。

孙亚青： 如果是真的做事情，找到一个好的点子是非常重要的。当然很多东西都要积累，不积累哪里能想出好的点子，对不对？一个歌唱家是从小就开始练声带的，再有一个好的老师辅导，还要配上好的歌曲、乐谱，才能唱出一首经典的歌。出名就是靠这三部曲。办一个好的博物馆也是这样，每个环节都是环环相扣的，要考虑定位、格局、目标、方向等很多方面，其实是很有讲究的。

沈旭炜： 现在工美馆想去创建全国创新博物馆。

郜珊珊： 我们刚刚评上浙江省最具创新力博物馆，460多家选4家，我们是其中一家。

沈旭炜： 还是第一家，头牌，排在第一。

郜珊珊： 真的很开心，在"5·18国际博物馆日"，我们刚去把这块牌子搬回来。

沈旭炜： 工美馆确实很不容易。以前有位专家给我们讲课，他就说，博物馆是计划经济的最后一个堡垒，其他行业已经找不到这种情况了，但是工美馆是个例外。我印象很深，他对工美馆的评价确实很高。

孙亚青： 是的，工美馆当时筹建的场景，我是历历在目，当时我还是筹建组的副组长，筹建时你们都还不在。筹办、设计、征集馆藏的时候，我都参与了。那时候市里领导说，办扇子博物馆没有孙亚青参与，想要办好，有一点麻烦，必须要给她戴个帽子。当然我也是大力支持的。这个博物馆开出来，在全国也是一个案例，基础打得还是可以的，我觉得要持续体现出工美馆的特色亮点，我们的目标是要把它变成全国博物馆的标杆，我们还有很长的路要走。我觉得工美馆的格局还要放大，思路还要创新，参展形式还要丰富，要做到既喜闻乐见又与众不同，受大家喜欢，成为全国最具创新力的博物馆。

沈旭炜：市里领导眼光很超前，2005年、2006年那个时候用工业遗产改造博物馆，在国内都很少见。

孙亚青：当时这个扇业博物馆是让我们王星记来承办的。当时市里领导跟杭州市京杭运河（杭州段）综合保护委员会的领导两个人都到了王星记厂门口，我们集团的董事长也到了。一到，然后他说："孙亚青，你赶快过来。"当时我在外面开车，我说："好的，我马上过来，还有10多个红绿灯呢。"

沈旭炜、郜珊珊、沈华鸣、吴冕：（笑声）。

孙亚青：我赶到以后，几位领导已经拍板了。综保委的领导反应很快，他说我们这里是老遗址、老工业遗址，因此办这个博物馆一分财政的钱都不要。后来市里领导就说："孙亚青，我们商定博物馆由运河综保委建管，你配合把王星记博物馆的扇子全部拿过来。"我笑着答应了。后来开馆后，领导遇见我还开玩笑地说："孙亚青，你好像还留了一手嘛。"

沈旭炜、郜珊珊、沈华鸣、吴冕：（笑声）。

孙亚青：说到王星记搬迁，还有个故事。当时王星记碰到城市改建要搬迁，搬到哪里去，市里领导很重视，准备要在王星记开个现场座谈会。当时王星记临时过渡的厂房很小，这么多人没办法坐下。

吴　冕：临时过渡场所。

孙亚青：临时过渡的地方嘛。市里的人来看，说这么小的地方，人多坐不下，还是到市政府。我说不行，市领导说要开会，那就到我们这

孙亚青大师作品 50cm 拉烫老山檀香扇《乐在棋中》

孙亚青大师作品 25cm 全面细拉檀香扇《松鹤》

里。我说，就要小，大家到现场才有感觉。后来我找到了对面的香料厂作为开会场地。没想到市委书记，所有的副市长、秘书长，各区的区长和各局局长都来了。在会上，市委书记说："老字号就是这座城市的名片，也是这座城市的符号，更是这座城市的文化底蕴。随着城市的发展，我们需要拆迁和改建，不能因为这个把这些企业拆没了。我们要通过城市的改建和搬迁，把这些老字号搬活。我们的城市不能没有这些老字号，我们各部门都要全力支持王星记的搬迁。"就这一句话，给我们吃了定心丸。最后，领导问我："孙亚青，你们想搬到哪里？"我说："因为王星记100多年一直都在上城区，所以选址最好在市中心，但是具体哪里我也不知道。"

沈华鸣、吴冕：（笑声）。

孙亚青：后来就看地方，选址选到了现在这里。

沈旭炜：我们很感谢市领导。

孙亚青：没有市委、市政府领导的重视，这个博物馆也建不起来。我觉得你们可以请一些老的市领导过来讲一堂课，讲讲为什么要办这个扇博物馆，有很多东西还是要讲出来的，这个故事留下了以后，就是一段城市的记忆和城市的故事，都是资源，是很好的资料。这个就是档案，就是你们博物馆的历史。我刚才说的，做事情一定要有长远的打算，打好基础，做好存档。比如说为什么办博物馆这件事，找到源头，讲的故事就是真实的、活的，这都是一种很好的记录，对博物馆的历史都是一种追溯，能够让博物馆延续下去。你们要把它看成是一张国家博物馆的金名片，要自信，领导要有高度，有远见，自信是第一位，没自信怎么走出去和外面交流，对不对？我们做任何事情都离不开人，而人是一个思维的载体。任何东西都是要有情怀的，要熟悉，再有情怀，才做得好。要做一点事业确实是不容易的。我觉得，现在确确实实对我们这个行业，对我们博物馆，是一个很好的机会。平台也好，我们的起点也好，跟人家还是有差异的，跟其他博物馆也不一样。我们邀请了这么多的大师，而且也有很多亮点。后面，我们要更多地去关注双品牌合作的赋能、多元化的办馆模式，加强非遗 IP 运用和文旅融合的转化，我觉得这些是很关键的。

吴　冕：把大师的价值、文化价值都挖掘出来。

孙亚青：不要把眼光都局限在大师身上，我们可以把范围变得更广一点，有很多产业都可以去合作，大师可以为合作背书、为合作赋能。大师，我觉得是一种魂，其实有很多根植于传统的元素，有一种造血的功能。我们要学会输血和造血，对不对？可以结合很多好的行业，实现跨界融合。这不仅可以赋能他人，也能反过来赋能自己，这不就很好吗？对不对？我对扇博物馆也是很有感情的，毕竟是筹办的时候就开始参与了，我也希望它越办越好。你们现在碰到了一个既懂行业又有远见的优秀领导，这也是一个很好的机会，现在大环境和小气候都很好。你们现在真的可以做 1 ＋ 1 ＋ 1 ＋ 1，可以做很多个加法。如果有好的平台、好的机遇，没有领导的支持也是没有用的；有好的想法，没有好的领导也是成不了事的。

郜珊珊、沈华鸣：我们的几任领导都是很拼的。

孙亚青：拼的话也要有想法，拼也要有技术的。

吴　冕：要选对方向。

孙亚青：光靠每天 24 小时加班是没有用的，还是要靠专业支撑。专业的人做专业的事，这对办好一个博物馆也是很关键的。我想问一下，你们现在博物馆，经济方面有没有指标考核？

沈华鸣：经济啊，我们是公益一类的，收支两条线。

孙亚青：收支两条线的啊，那你们有没有要求什么，每年创盈利多少？

郜珊珊：没有，目前没有政策出台。

沈旭炜：好像现在也在搞试点？

孙亚青：如果你们能在这一领域深耕细作，我觉得应该是没有问题的，而且如果实打实地做出一些成绩或者业绩，政府肯定会给予重视。博物馆如果能助力城市文化建设，提升城市文化影响力，并能为杭州市的 GDP 增长做出贡献，那么你们说话就有分量了。

郜珊珊：今天他们中午还在说呢，上海博物馆办了一个油画展，收费的。

孙亚青：这也是我想讨论的第一个话题。为什么说如果博物馆没有造血功能，没有转化力的话，它会死气沉沉？我们不能完全依靠政府拨款来维持，我们要靠自己的转化来造血。如果这样的话，我们自己就有了话语权，大家的待遇就有可能提升。所以说现在的机会是很好的，有这样一个完全有造血功能的平台可以依靠，下一步就是思考怎么去发力，怎么去运营。

沈旭炜：孙老师，您能不能帮我们签一个名字，我们明年可能出书，想把您的名字放在书里面，手写的名字。

孙亚青：好的。

沈旭炜：好的，谢谢孙老师。

孙亚青：我的字一定要一气呵成，如果我停下来就写不下去了。要弄本书啊？

沈旭炜：先做准备，看看明年或者什么时候，我们收集一些珍贵的材料。

孙亚青：我觉得点滴都是档案，有很多东西都可以存档。

沈旭炜：我们的书其实跟手工艺也是一样的，也都是用手做出来的，用心去做的，虽然是通过键盘。手写的字也会让我们的书有温度一些，更有温度一些。

孙亚青：哈哈，都是有生命力的。

沈旭炜：谢谢孙老师，今天您真的教会了我们非常多，谢谢。

孙亚青：我也是想到哪里说到哪里，今天话匣子打开了，说的有不当的地方，请多多包涵。

金国荣

山川异域风月同，南国一脉玉玲珑

浙江省工艺美术大师　金国荣

　　金国荣，男，1964年生，籍贯浙江上虞。浙江省工艺美术大师，正高级工艺美术师，南宋官窑瓷制作技艺省级非物质文化遗产代表性传承人，浙江省陶瓷艺术大师，浙江省优秀民间文艺人才。曾任第十三届、十四届浙江省人大代表，现为中国工艺美术协会会员，中国工艺美术学会会员，中国民间文艺家协会会员，中国非遗艺术设计研究院研究员，浙江省工艺美术行业协会会员，浙江省陶瓷行业协会理事，杭州市工艺美术行业协会理事。师从中国工艺美术大师郭琳山和嵇锡贵。2019年获得中国陶瓷历史名窑恢复与发展贡献奖。从艺40余年，在传承的基础上善于创新，遵古法而不拘泥于古法，创新意而又不失古韵，已逐步形成了自己的独特风格。作品多次荣获中国工艺美术"百花奖"金奖等国家级奖项，以及各类省、市级大奖，被多家博物馆和美术馆等收藏。作品大气端庄，格调高雅，制作技法丰富多变，薄胎厚釉，浑厚莹澈，巧妙地借由器物表层釉面的自然开片现象，营造趣味无穷的装饰效果。

访谈地点： 杭州市萧山区育才北路金国荣南宋官
窑艺术馆

访谈时间： 2023年6月10日（周六），下午

访谈时长： 2小时20分57秒

访谈对象： 金国荣

访谈人员： 沈旭炜、沈华鸣

访谈内容：[1]

沈华鸣： 金老师，这次绍兴的展览，学生们有去参评吗？

金国荣： 绍兴这次他们没有参评。

沈华鸣： 没有参评，那就先一步步来吧。

金国荣： 去年他们在杭州工艺美术博览会得了一个铜奖。这次我跟他们讲，今年下半年也会有类似的展览。现在作品至少要看得过去，我才会让他们去参展。

沈华鸣： 现在一年都还没到，这样的进展已经算挺快了。

金国荣： 是这样的，他们几个年纪也不小了，基本上毕业以后都有工作，都已经 10 多年了，人也将近 40 岁了。

沈华鸣： 有点社会经验了。

金国荣： 社会经验有一点，但是对我们这个行业还是不够了解。今年评职称时，我一有消息就发在群里面给他们看，让他们马上报。反正需要的东西，比如说盖章文件或者证明材料之类的，我这边都有。

沈华鸣： 现在评职称的要求是一定要有获奖记录吗？

金国荣： 要有获奖记录的，还要有工作年限和社保等，各方面都有要求。助理（初级）评出来，后面评中级就更加轻松一点。

沈华鸣： 他们不在这个圈子里，如果没有大师指引，他们对这些东西都不了解，浪费了多少时间啊。

金国荣： 这个很重要。我以前也是多亏了嵇老师他们的引领，真的是靠嵇

---

1 本篇文字内容基于访谈整理，之后得到金国荣老师的润色调整。文中所有照片均由金国荣老师提供，在此表示诚挚感谢。

175

老师，我平时也是这样的。我以前虽然在单位里工作，讲道理应该对这方面比较了解，但是我们单位对评职称什么的不太重视，还是要靠自己。

沈华鸣：我们也一样，需要自己主动积极。

金国荣：我后来跟了嵇老师，她亲自领我到工美协会（杭州市工艺美术行业协会）去评职称，和他们商量让我加入协会。必须先走进这个圈子，否则的话，在外面根本不知道情况。我们稍微好一点，无非在评审的时候，可能会有一个比例。像这次他们评正高，可能有个比例，比如说50%。

沈华鸣：都不容易。

金国荣：真的是。每个行业都不容易。我们这个行业只要努力去做，就有收获。你看，现在嵇老师第一轮的几个学生，我觉得都还蛮好的。周明明、爱青，还有小虎，小虎都已经是省大师了，包括周萍，他们第一轮的都已经是省大师了。你知道我们以前评省大师要奋斗多少年吗？（笑声）。我们以前没有这么容易。

沈华鸣：这倒是的。（笑声）。

沈旭炜：相当于"大师带徒"这个项目在人才培养这一块效果还是显著的。

金国荣：是非常好，像嵇老师第一轮到现在也就十来年。

沈华鸣：2012年第一轮，2017年结束。

金国荣：十来年时间，你看，明明、爱青两个是实打实中级职称，他们可能马上就会评上高级。徐周萍也是第一轮，还有小虎——甄景虎，第一轮的都已经是省大师了。

沈华鸣：以前省大师是需要很长时间的。

金国荣：真的需要很长时间。我评省大师的时候好像是2015年，工作30多年才评上省大师。

沈华鸣：这个要靠师父引路。

金国荣：真的，真的。

沈旭炜：师父引路，徒弟也努力。

金国荣：前面20多年可以说我基本上没有什么成绩，自己回过头去看看，

杭州南宋官窑研究所（摄于 2018 年 8 月 23 日）

前面 20 多年一直在打基础。我在 1980 年进南宋官窑研究所，到 2000 年，获奖的基本上就那么一两件。在单位里，有些机会轮不到我，有些机会他们拿到了就给他们了。我是做设计的，研究所里面的一些器物的器型都是我们设计的。外面有活动，可能那些做行政的人去了，我们出去的机会反而很少。

沈旭炜：金老师，那个研究所是事业单位还是国有企业啊？

金国荣：当时是国有企业杭州瓷厂下面的一个研究所。20 世纪 80 年代，国有企业比事业单位吃香，所以那个时候进国有企业很难，（笑声），以前完全不一样。我们在官窑研究所里面是比较轻松的，工作也没有多少。而杭州瓷厂主要是做日用瓷，有流水线、三班倒。那个时候大家收入水平差不多，工资也基本相同。

沈华鸣：没有很大差距。

金国荣：大家也没有像现在这样向往做生意。

沈旭炜：那个时候还是用工分吗？

金国荣：不再用工分，就是工资，但工资很少，我记得那个时候月工资就20多块钱。大家都一样，你这么多我也这么多，不可能去挣外快，也没有地方可以挣外快。那时候人的想法比较单纯，白天上班，晚上就没有其他事情可以做了。

沈旭炜：金老师，那时候也是师父带着您学吗？

金国荣：我刚进所的时候基本上还是有的，但我学这个的话，是到后来才开始慢慢喜欢上的。

沈旭炜：自己琢磨得多一些。

金国荣：主要靠自己，后来我认识了嵇老师、郭老师，他们给了我很多的指导。

沈华鸣：嵇锡贵，嵇老师，第一轮的，也是金大师的师父。

金国荣：我的师父郭老师已经去世了，他们两位老师很好。真的，就像我刚才说的，职称的评定都是嵇老师领我到协会办理的。那个时候她住在中山北路，杭州工美协会好像也在中山北路，她亲自从家里领我到杭州工美协会。那时除了评那个什么员，是在萧山评的，后来评中级职称等，就要到杭州人社局去评。

沈旭炜：金老师，我还想再问几个问题。

金国荣：没关系，没关系，你问好了。

沈旭炜：金老师，不好意思打扰您。

金国荣：没事，不要这么客气。

沈旭炜：金老师，您已经从事这个行业40多年了，能否简单地回顾一下您从开始到现在的整个学习过程？

金国荣：是这样的，我1980年10月进入南宋官窑研究所，那个时候还不叫南宋官窑研究所。南宋官窑研究所其实是1986年成立的，它的前身是杭州瓷厂的"艺术组"。

沈旭炜：艺术组？

金国荣：小组，就像今天单位里的小组。那时主要负责南宋官窑瓷器的恢复工作，瓷器包括雪花釉、变色釉等工艺瓷。我进单位以后，刚

金国荣在景德镇古窑瓷厂学习拉坯（摄于 1990 年 5 月 8 日）

开始学，也没有什么作品，主要还是做一些仿古的作品。在恢复南宋官窑的过程中，我们主要就是做一些复制品。我记得当时还向北京故宫借了几件官窑过来，我们复制些笔筒、笔架、小碗等小物件。现在估计借不出来了，那时还可以借过来复制，这是刚刚开始的阶段。嵇老师、郭老师应该是 1986 年从景德镇轻工部陶瓷研究所调到杭州来的，我是 20 世纪 90 年代初跟他们认识的。我跟他们认识以后，慢慢地就有了这种创作的想法。刚开始，我基本上都是复制，也没有创作的概念。我以前也没有读过专业院校，十六七岁就开始工作，也没有到学校里面正儿八经地去学。到后来，一个是认识了嵇老师他们；另一个是在 1990 年的时候，我曾经到景德镇去学了一段时间的手工制作技艺。1990 年，我们到古窑瓷厂，当时我们单位派了 3 个人去学，其中一个就是我师兄高晟，不知道你们知不知道他？

沈华鸣： 听说过。

金国荣： 高晟师兄年纪比我大一点，也是嵇老师的学生，和我们一起去古窑瓷厂。当时，古窑瓷厂集中了景德镇最好的师父，古窑瓷厂现在还在，保留了传统的制瓷工艺，全部都是手工的，连拉坯车都是手动的，不是电动的。

沈华鸣： 现在还在？

金国荣： 现在还在。主要作为一个旅游景点，他们在做动态的展示。我们学的时候，拉坯车全部都是手摇的，他们现在还保留了完全烧柴的柴窑。那个时候是镇窑，景德镇的"镇"，就像以前烧砖瓦的那种很大很高的窑，一个很大的窑，可能有屋顶那么高，装窑的话要用梯子爬上去装，匣钵一个一个套上去。那个窑现在已经作为文物保护起来了，因为历史很悠久，现在不烧了。1990 年，我们去学了几个月，学费还很贵，不像现在都是免费的。

沈华鸣： 是要给师父的？

金国荣： 那个时候很贵的，学费不是给师父的，是给他们单位的，1990 年，要 1 万多块。

沈旭炜： 1 万多块，是一年还是……

金国荣： 没有，我们学了几个月。

沈旭炜： 1 万多块都是您自己出的还是单位出的？

金国荣： 单位里出的，单位里面派我们去培训。

沈旭炜： 个人的话，可能是吃不消的。

金国荣： 我们那个时候工资也就几百块钱一个月。手工拉坯、修坯，我们是在景德镇正儿八经学的。我们本身有基础，已经在单位里做了 10 年，修坯什么的都会。

沈旭炜： 去那边相当于进修了一下。

金国荣： 拉坯我们以前没学过，修坯有点基础，包括锉刀什么的，那边就是更进一步的学习。景德镇的师父非常专业，一个人一般只做一道工序。

沈旭炜： 也是老师父？

金国荣：全部都是老师父，那里集中了景德镇最好的师父，揉泥的就只揉泥，拉坯的就拉坯，是不会去修坯的。每一道工序就一个人做，这个人不会做其他工序，一辈子就做这一个。

沈旭炜：那他可以把这个工序做得很精。

金国荣：对呀，就是这样的。但是，要完成一件作品，他就无法做到了。我们到后来拉坯、修坯什么的都自己做，做完了以后，就去烧制。师父还会问我们能不能做一些小茶壶什么的，因为他们自己做不了，一个人做不了。

沈旭炜：所以他们没有成品，你们可以做出成品。

金国荣：我们可以一个人独立完成。在景德镇，师父一个人做一辈子，那肯定是做得非常精的，这算是一个优势，但可能也是一个短处。2001年，我被公派去日本，日本跟我们国内的情况完全不一样。他们所谓的陶艺家做陶艺从头到尾全部是自己做，从原料开始到烧制，全部自己做。我们去之前，他们那边有个陶艺研究所先来我们这里考察，把我们创作过程的视频拍好，然后带回去给他们那边的专家看，觉得可以，我们再过去。我到了那边，在一个月里，整个窑全部归我，没人来帮我。从头到尾，从原料开始到烧制，中间的拉坯、修坯、装饰、施釉，所有工序全部得一个人完成，最后到烧制出来。如果不会某个步骤，我也去不了。日本就是这样，他们那边陶艺家做陶艺就是这样的流程，全部都自己做。

沈旭炜：日本的流程和我们这边的倒是比较接近，也是我们这里传过去的。

金国荣：最早是这样的，他们有一个姓李的做陶瓷的祖先，是从朝鲜那边过去的，在日本有田，临近我所在的熊本，ありた。有田也被称为日本的瓷都，就像中国的景德镇，日本的瓷器发祥地就在有田。在日本，很多都是以小作坊形式，世代相传，基本上都是这样传下来的，我们中国的体制跟他们的还是有点不一样的。我感觉，如果从头到尾全部由自己做，做出来的作品通常可以达到自己想要的效果。比如说，学院毕业的人可能就会做设计，画个图纸，然后叫拉坯师父去拉，拉坯师父为他把坯做好、修好。有些作品

金国荣在日本创作作品
（摄于 2007 年 7 月 29 日）

基本上都是画的，画好以后就交给师父吹釉，交给师父烧。他可能就画了一下，有些可能就装饰了一下。如果仅仅只有一张图纸，景德镇的拉坯师父不一定能够做到画图的人想要的预期效果。我画个草图，其实草图和实际做出来的实物还是有差异的。瓷器在烧制过程中，它的高度、直径还要收缩，都不一样。我们在拉坯、修坯的过程中要不断调整。如果修出来的样子，跟图纸不一样，我就要稍微再修修，不断地调整。

沈旭炜：景德镇的师父也没办法修？

金国荣：他们也没办法，有些不一定能理解作者的想法。陶瓷学院的有些教授不会拉坯，只能把这些工序交给景德镇的师父去做，这也没办法。日本不一样，他们基本上都自己做。我现在也是这样，都自己做，我的作品就能够实现自己的想法。

沈旭炜：金老师，日本回来以后您在哪个单位？

金国荣：我去了日本两次。第一次是 2001 年至 2003 年，第二次是 2005
　　　年至 2007 年，共 4 年。2007 年回来后，我离开了原来的单位杭
　　　州民生陶瓷有限公司下属的杭州南宋官窑研究所，自己搞工作室。
　　　其间，2005 年，我是第二次去，这次是因私去的，那边理事长邀请。
　　　我去的第一年，理事长就叫我去那边定居，叫我老婆、女儿也过
　　　去。我女儿那时候还很小，上幼儿园大班，我没答应，后来想想
　　　我没去还是对的。我是这么想的，当时国内做南宋官窑做得好的
　　　人可以说没有，做出来的作品跟日本传统陶瓷比起来，差距很大。
　　　国内当时很多人还在做一些复制、仿古，我觉得这个还是处于初
　　　级阶段。就像写书法一样，刚开始要临帖，临帖不是初级阶段吗？
　　　真正要有自己的风格、有自己想法的作品出来了，那才是提升。
　　　老是复制，做一些跟古代一模一样的东西，我觉得是处于初级阶
　　　段，日本那边也是这么评价的。日本那边的条件还是很好的，我
　　　想去看什么展览，他们都会带我去。我去日本参观每年一次的传
　　　统工艺展，那个展览非常好，汇集了日本一流陶艺家的作品。每
　　　个人的作品风格都非常鲜明。哪怕是传统作品，虽然做得很传统，
　　　但仔细一看，也会发现作品有作者自己个人的思想、想法，不是
　　　说纯粹的仿古。这样的展览让我深受启发。比如，日本的"日展"，
　　　类似于我们全国美展，其中就包含了"工艺美术"这一类别，日
　　　文中就这么写的——工艺美术。

沈旭炜：就汉字？

金国荣：汉字"工艺美术"（日本汉字与我国汉字有一定区别）。工艺美
　　　术类包括陶瓷、金工等。（日展这个展览里面）涵盖了油画、日
　　　本画、书法、篆刻、金工，还有木雕，什么都有。我看过这两个
　　　展览以后，感觉真的完全不一样，跟我们国内不一样。我到陶艺
　　　家那边也去了很多次，拜访他们的大师，他们叫"人间国宝"。

沈旭炜：就我们的大师？

金国荣：我们要么叫国家级非遗传承人，要么叫国大师。他们就是这样的

中文汉字，叫人间国宝，最高荣誉。人间国宝的评审非常严格。他们那个荣誉就这样，如果评上的话，确实是政府养着你，你不用再自己去赚钱，生活费都有了。

沈华鸣： 非常重视。

金国荣： 他们非常重视。他们是这样的，比如说，做青瓷的，就评一个，做白瓷的……

沈旭炜： 全国？

金国荣： 全日本，做白瓷的评一个，彩绘的也评一个。要等这个人去世了，再替补上去。

沈华鸣： 有点像我们这儿的非遗。

金国荣： 我去拜访了一流的陶艺家，人间国宝，他们非常敬业，非常认真。许多人间国宝年纪都很大，至少六七十岁，年轻的没有。年轻的也没有这个资格，说实在话，都是老先生，他们顶上去的基本上也都是老先生。等到这个老先生去世，你可能熬得年纪也大了，再替补上去。他们是这样的，就像传统工艺展，每年基本上都是一个作者一件作品。

沈旭炜： 作品也不多。

金国荣： 他们的作品是要经过评选的，并不是说你做出来的作品就一定能参展，它是要经过评审的。这个作品放在那边，大家一看就知道怎么样。像传统工艺展也好，日展也好，这些展览对我的触动还是很大的。

沈旭炜： 蛮大的。

金国荣： 2007年回来以后，我就想，2001年去日本之前，我都在做什么东西？我是搞造型设计的，就做了一些礼品，包括在南宋官窑研究所里做的一些雕塑，十二生肖系列浮雕。虽然销售量非常好，但回过头来看，这些东西其实不是我想要做的。现在要我拿那些东西去展览，我不会拿了。我觉得那些东西纯粹是那个时候的商品，就是一些产品。

沈旭炜： 不是作品。

金国荣在日本期间参观日本传统工艺展（摄于 2007 年 2 月 11 日）

金国荣在日本期间考察柿右卫门窑（摄于 2007 年 5 月 2 日）

金国荣：不是作品，都是模具做的，我设计好以后按照模具批量生产，销量非常好。我记得当时大象雕塑卖了上万个；那一年，龙盘销得也特别好，浮雕的中间有条龙的挂盘，真的是卖了很多。（笑声）

沈旭炜：金老师，龙盘是设计出来的，建个模，不需要每一件都自己去操作吧？

金国荣：不需要，我设计好，就第一件样品我会去做，到后面全部都是工人去做。我是搞造型设计的，不需要生产，不需要我去做，但制模具什么的我也都很熟练，这种模具制作我也会，非常熟悉生产线这一套工序。后来想，我这样做下去，好像没什么东西可以拿出去。如果去日本办展览的话，我感觉这些东西都拿不出去。

沈旭炜：拿不出手。

金国荣：2007年回来以后，我就开始做一些作品，我为什么不留在日本而是回国呢？我想，国内做南宋官窑做得好的人没有，我觉得这一块肯定是有潜力的，而且这一块肯定需要人去做，真正潜心在做作品的人也不多。真的，有些纯粹也就是那样……真正像我们这样子做的不多，我基本上都是在创作。前两天遇到了一件很有意思的事情，有来自台湾的两个人，我也不认识，他们怎么找到我这里的我也不知道，他们花了很多心思，我真的也很感动。

沈旭炜：他们自己主动找过来的？

金国荣：对，他们先去了南宋官窑博物馆，我有几件东西放在那里，之前馆长让我把它们放到那边。他们看见那些东西，觉得实在太惊艳了。其实我在那里只是放了几件小东西。（笑声）。他们一看，说："金老师的作品太惊艳了。"上面有我的介绍，但是没有联系方式。你知道他们怎么找来的？我说："你们是怎么找的？"他们说："是在网上买的。"我的手机号码是他们在网上买的。

沈华鸣：网上还能买到手机号？

金国荣：对，他们说是网上买的，真的非常想找到我。后来他们打电话过来，就前几天，我太太刚好也在，我在楼上整理东西，我太太拿手机上楼。我接过电话一说话，对方说，一听声音，好像对的，他在网上搜过了。（笑声）。介绍我的视频他都看过，他说一听声音，好像就找到了。他马上说："金老师，您看看今天或者明天，今天来可能迟了，来的话，到这边要下午5点钟了，能不能来这边参观一下？"他们这么辛苦地找过来，我就说："可以的，我5点钟等着你们。"我等他们过来，两个人真的找过来了。前段时间台湾陶艺协会会长要过来，那时我刚好要去南京。我说："我到南京去展览，那没办法。"通过电话交流，他想我们可以办个交流展览什么的。我说我下次跟领导谈谈看。两岸交流展什么的，我觉得其实蛮好的。

沈华鸣： 两岸交流。

金国荣： 举办一个两岸交流的展览，或者五大名窑展览。我和他提了一下，他非常有兴趣，他说可以到台北去举办，但这个要有经费，需要的经费也不少。我们宣传部门的领导，以及区里面的领导上半年到我们这里来，我也跟他们提起过这个事。

沈旭炜： 这个好。

金国荣： 这个真的是好事，我们民间交流可以促进两岸的关系，文化交流嘛，而且我觉得这个很有意义。我这边熟悉的五大名窑的陶艺家都是一流的。像陈氏定窑的庞永辉，那个钧窑的不用说了，也是国大师，几个国大师我都熟悉。我可以把他们组织起来，把台湾有名的陶艺家组织起来，举办一次展览。两岸做一个交流。我觉得下次如果工美馆有兴趣的话，可以把工美馆作为一个主要场地。这个展览肯定是有影响力的，影响力会非常大。

沈旭炜： 这个蛮好的。

金国荣： 这个层次非常高，哪怕没有他们，就我们的五大名窑，要做就一定要做顶级的，影响力肯定很大。

沈旭炜： 金老师，那两位台湾人是普通游客还是专家？

金国荣： 我对他们不是很了解，也没有深入地去了解，我也没有去问他们，有些东西不方便问。不过他们对我的作品是非常喜欢的。

沈旭炜： 这个故事我觉得蛮好的。

金国荣：非常喜欢，这种喜欢有点超乎我的想象，他们看了我的作品……我不知道他们怎么看其他人的作品，反正看到我的就喜欢得不得了。

沈旭炜：后来他们就在这里参观了一下？

金国荣：对，5点左右到的，后来一直聊聊，看看，聊到7点左右。他们说，耽误我这么长时间，他们也就回去了。他们住在杭州，经常来杭州，他们说下次还要过来，可能想收藏我的作品，有这个想法。

沈旭炜：很好的故事，金老师，您能不能再分享一些您跟稽老师、郭老师的故事？

金国荣：稽老师、郭老师真的是（对我很好），我的师兄弟好像有点……也不是说嫉妒啊，就说稽老师把我当儿子一样。（笑声）。当时我在日本，那边要找两位专家，那么我肯定推荐稽老师他们，稽老师、郭老师，还有郭艺（郭琳山、稽锡贵之女）也去过，是短期的。在日本20天，有两个星期是在创作，还有一个星期是到各地去采风。后来我跟稽老师他们，应该是2008年的时候，一起去澳门的卢家大屋。我们省文化厅跟澳门文化局做了一个交流项目，在那边进行作品展示，待了半个月。我跟着郭老师、稽老师，以他们为主，我作为他们的学生，在卢家大屋待了半个月，那边的作品展示也挺好的。郭老师那时身体还蛮好的，我们住在澳门大三巴牌坊附近的公寓，我们3个住在一套房子里面。晚上我们自己去买菜，自己烧，挺有意思的。

沈旭炜：还是蛮生活化的。

金国荣：对，郭老师他们对我非常好。有一次，他们在广东佛山参加中国工艺美术大师联谊会，全国工艺美术大师国大师的联谊会，可以带个学生去，他们也带我去了。在那边待了好像一个星期，让我有机会接触一些国大师，我可以去了解他们，包括广东佛山的潘柏林大师。我还到他的工作室去学习，这样就有很多机会。有些东西是这样的，通过一次一次的机会，慢慢地，技艺就会有提升。其实有的时候，学习不是说老师一定要怎样手把手地教你做作品，更多的是带你去外面学习，有问题时他可能稍微给你指点一下，这个是更重要的。创作作品主要还是靠自己，去日本对我的影响非常大。我没去日本的话，可能后面也做不了这些事情，可以说，我在国内做的作品，跟去日本后回来做的作品是完全不一样的。

沈旭炜： 整个视野不一样了。

金国荣： 对，整个视野，然后好像……好像我的哪个窗被打开了，完全放开了。

沈旭炜： 感觉任督二脉被打通了。

金国荣： 真的，真的有这种感觉，做出来的作品感觉完全不一样。其他人我不知道，如果我没去日本的话，我根本就做不成那些作品，包括《涌潮》《玉玲珑》。到后面我就感觉，创作作品对我来说，不是很辛苦的事情。我在日本真的经历了一次蜕变，在日本，我每年要办 2 次展览，上半年一次，下半年一次。我在日本 4 年，像这种展览，光是参加他们陶艺研究所在美术馆办的展览就有 8 次，还不包括在熊本传统工艺馆和其他地方的展览，以及我的个人作品展。全部加起来的话，可能在日本有 10 多次展览。每年 2 次展览是必须的，春季、秋季，这两次展览必须要有作品。

沈旭炜： 大家可以一起来看。

金国荣： 对。日本人非常喜欢陶艺，陶艺的氛围非常好，在展厅里办展览的时候，我非常喜欢跟来参观的人面对面交流。我知道，他们有什么想法就会来问我，"你这个作品怎么样"，"这个作品干吗用的"。日本人很喜欢问"这个作品干吗用的"。在日本，传统工艺实用性是第一。作品如果完完全全不能被使用的话，他们就会觉得这个东西没有意义，除非纯艺术作品，就现代陶艺通常被视为纯艺术，它就是一件艺术品。艺术品就这样看看，没有实用价值。对于一般作品，他们还是觉得实用性第一。如果作品没有实用性的话，他觉得买回去干吗，放家里面，感觉没什么用。我在那边办展览，就我们陶艺研究所里几个人，我们第一次去，还有美院的一个老师。每次展览，理事长对我的印象都非常好，无

金国荣大师作品《涌潮》

金国荣大师作品《玉玲珑》

论是与客人交流还是促进销售，我的情况都比较好，所以理事长很喜欢我去。（笑声）当然，从我第一年去到后来 2007 年，2001年到 2007 年，跨度有 6 年。我觉得我在那边的进步还是很明显的。关键还有一点，日本的创作氛围非常好，创作氛围比较自由，没有一定要怎么样，除了有 2 次理事长家里有事情，要我给他做一些礼品，他喜欢我的作品。一次是他儿子结婚，要做一些礼品，我帮他做了。还有一次是他母亲去世，他们是有规矩的，好像要给来祭拜的人回礼，我给他做了一个天目釉彩的作品，我就帮他做过这么 2 件事情。总的来说，全部都自由，很自由地创作。我那个时候就想，回来以后一定要自己搞工作室，虽然刚开始比较艰苦，但这样的话，我可以做一些自己想做的事情，我还是想自己可以比较自由地、比较宽松地做一些作品。在官窑研究所，做作品的时间很少，其实也可以理解，毕竟企业需要经济效益，就不考虑个人作品了。对我个人来讲，我觉得已经在那边服务了 20多年，也创造了很多的经济效益。那么，我应该做我自己想做的事情了，所以我就出来了。

沈旭炜： 金老师，日本给您这种自由创作的环境，会不会影响到您现在带徒弟，你会给他们创造自由的环境吗？

金国荣： 我对他们应该说是比较宽松的，你等一下可以去看看徒弟的工作室。现在我基本上就是教技艺，首先这个技术还是需要学会的。没有技术的话，创作根本是不可能的。

沈旭炜： 基本功还是要扎实。

金国荣： 你说是不是？首先要把技术学好，把技艺先学好。有了技艺以后，才可以去考虑搞创作。现在即使有想法，让他去做，他也做不出来。我给他一个器型，我说，这个东西给我做出来，他做不出来，是不是？现在他们搞创作的话，我也跟他们这样讲，我让他们准备做两件作品，就在现有的技艺基础上，能够做到什么程度就做到什么程度。我当然希望能达到一个更高的品质水平，但他们现在做不了。按照现有条件和现有技术，我会建议他们从适合的大小和造型入手，逐步提升。这样的话，可以一步一步地积累经验和技巧。当然，他们现在也比较认可我的教学方法。我和小凌那回在南京经常聊，他说："金老师，我觉得您这样挺好的。"我也不会一天到晚去盯着他们，我做作品的时候，我在这里做，他们在那边做。我说，我一天到晚坐在旁边，他们做不好，给他们太大压力。我一进去，他们就感觉师父过来了，好像会压力很大，所以我平时不去的。我每天去几次，我一进去，他们马上说："老师您帮我看一下这里怎么样，那里怎么样。"他们3个人马上一个一个这样问过来。基本上我一天就去两三趟，我很近的。

沈旭炜：就在边上。

金国荣：小凌说："师父，其实这样挺好的，我们也没压力。平时我们只管做自己的，您到时候过来指点一下，提出哪里不对就行了。"我不可能一天到晚盯在那边，这样反而做不好。他们进步还是蛮快的，等一下你去看，你就知道了，你上次来看过。

沈华鸣：上次应该是去年了。

金国荣：去年。你这次去看他们，他们正在做一些大一点的东西，稍微有点大。

沈旭炜：也是从小做到大？

金国荣：对。我跟你们说，如果光做几个小杯子，去评奖或者拿去展览，展示效果不好。他们的小杯子已经做得有点像样了，做得很薄了。现在我让他们做的是稍微大一点可以去展示的东西，以后可以去评奖，也是作为他们的成果，对他们个人都是有好处的，评职称，评大师，必须要有这些东西。上次经信局的领导也都来看过。

沈华鸣：都来看过？

金国荣：对，也来看过。他们说："明年要评大师嘞。"我说："他们评大师可能明年还早一点，要全国金奖或者评中级职称，他们起步太晚了。他们如果早个5年到我这里，这次评大师肯定可以。"我和他们说："慢慢来，这个东西也是不能急的，急不了。"他们反正感觉我不会给他们太大的压力。我自己也是这么过来的，我知道给他们压力也没用。他们的积极性很高，我不跟他们多讲，我就跟他们讲今年什么时候有什么展览，反正他们自己看，让他们自己去安排，那个时候有作品就去参展，没有作品也不强求。我看到有什么展览信息，我全部都发群里。

沈旭炜：给他们提供机会。

金国荣：去年我们协会也参加展览了，刚刚今年上个月，杭州非遗中心（杭州市非物质文化遗产保护中心）在杭州市科技交流馆办作品展。我让他们都去报名，结果也都入选了。

沈华鸣：结果都去了。

金国荣：对呀。有的时候，他们还问有啥用，他们都还不知道。我说："你们以后就知道了，就评职称什么的，这些都算是你的经历，这个也是杭州市级的展览，是不是？"这是非遗中心，这是文化馆（杭州市文化馆）。我现在让他们加入我们萧山区文联，我说："今年入选，明年的话就可以申报文艺扶持，还有资金。"他们也不知道，都不晓得。

沈旭炜：金老师，您现在一共带了多少徒弟？

金国荣：前前后后带过的徒弟很多，全部加起来几十个也有，但是正儿八经在我们这个行业里坚持做下去的也不多。

沈旭炜：可能学一阵子就转型了？

金国荣：有些相当于爱好，有个徒弟现在在英国工作，她以前每次放暑假回来都在我的工作室跟我学。是我朋友的女儿，她到英国去读书，成绩非常好，文化课非常好。之前在帝国理工学院，后来又考进牛津大学，现在毕业了，在英国工作，她要做我这个行业是不可能的，我也劝她的。

沈旭炜：金老师，您这边收徒的话，有没有自己的标准？

金国荣：收徒肯定是有标准的，不是说随便玩玩就可以的，除非是体验。我现在有体验活动，但这个和收徒是两码事。我真正要正儿八经收徒的话，他必须要真正地喜欢这些，还有一个，就是最好能够把这个当作自己的专业来做。如果是纯粹玩玩的话，我估计学不好，我还要花时间来教，你说是不是？我花这么多精力和这么多时间来教，到后面就只是这样玩玩的话，我觉得没多大意义。像我们这个"大师带徒"项目，我觉得好，好在徒弟们现在选择了这个项目，可能会一直做下去。像小周，她真的很感激找到了这么好的一个机会，她真的觉得非常好。小凌也是，还是很有缘分的，至少到目前为止，小凌真的非常认真。

沈华鸣： 而且原来不会做陶瓷，只有美术基础。

金国荣： 对，他没碰过泥巴，但现在做得还不错了。

沈华鸣： 跟得上。

金国荣： 没问题，他跟得上，你以后看他的作品就知道了。他可能投入的精力更多，有时候节假日也在学习。有时候我也会过来看一下，看到他也在，早上来得蛮早的，他基本上 8 点多就到了，余杭坐地铁过来，差不多一个半小时。

沈旭炜： 很勤奋。

金国荣： 对，他本来想租房子，这边房子是有，但租金贵，很小一间，可能就要一两千块。

沈华鸣： 他原来是哪个公司的？

金国荣： 他说做微店搞设计，但是泥巴没玩过。

沈旭炜： 他还是蛮喜欢这一块的。

金国荣： 如果真喜欢的话，这个真的是一个非常好的机会。我都跟他们很多人讲了，这么好的机会，好好学。

沈旭炜： 对，机会难得。

金国荣： 真的。

沈华鸣： 没有这个项目他们进不来。

金国荣： 进不来的。

沈旭炜： 金老师，您在这个领域已经 40 多年了，能否谈谈是什么支持您坚持下来的？我想一个是爱好，除了这个，还有哪些因素支持您？另外，在这 40 多年中，有没有碰到过一些困难，我们想可能会有一些故事，能跟我们分享一下吗？

金国荣：一个确实是喜欢，如果真的不喜欢这个职业的话，那肯定是坚持不下来的。困难的话肯定有，我记得刚从日本回来时，面临很多挑战，比如没有合适的场地和资金问题。我当时已经跟太太说过了，2005 年去的时候，我跟她说这次再去两年，我不会留在日本。两年以后回来，我就把官窑研究所的工作辞掉，我早就打算好了。我说："2007 年回来，我肯定离开研究所，自己做，反正你给我 5 年的时间。"我当时跟她讲："如果这 5 年时间我做不好，做不下去了，我就不做了，我找个单位，还是继续去上班吧。"当然，我对自己肯定是有信心的。我太太也挺好，她很支持我。没有她的支持的话，我可能也坚持不下来了。2007 年，我是跟朋友一起……

（有人进入，打断了访谈。之后继续。）

金国荣：我刚刚提到，2007 年回来时，我开始是跟一个朋友合作，找了一个地方。但是那种模式其实也不适合我，做着做着，又陷入了研究所的套路，效益也不好。我感觉可能这样下去好像又不行了，后来我不做了，我就自己找地方。其实刚开始，真的，现在回想起来，还是比较艰苦的，但是我至少能够坚持下来。刚开始没地方，我就在家里面，在自己家阳台上拉坯，有些好的作品我还是在阳台上做出来的。我老婆真的很支持，真的，我在家里面就这样干。刚开始我又没有销售渠道，基本上都去参加各种展览。2007 年下半年，我就去参加了西博会的工美展，还获得了金奖。第一次去日本的时候，2004 年回来，我也得了个国家级金奖，那是第一次，那件作品我已经捐给你们工美馆了。

沈旭炜：在 3 楼。

金国荣：对，在 3 楼的，那件获得了国家级金奖，当时我把最好的作品给你们了。

沈旭炜：谢谢。

金国荣：第二次，2007 年 8 月回来，10 月又去参加西博会，又得了个"百花奖"金奖。我等于是得了两次"百花奖"。其实，我回来以后，这种省级或国家级的展览都去参加了，还不断获奖，提升了我的信心，我对自己的作品更加有自信了，这个是非常重要的。我现在跟他们讲，自信真的非常重要。我到日本之后，整个人的状态就不一样了。以前在单位里，沈老师，我真的有这么一种感觉，单位很大，其实是我自己眼界小。杭州瓷厂有厂长、副厂长、科长，官窑研究所还有所长，他们都是上级，我是搞设计的，好像都在他们下面，没有自信。这么大的一个厂里面1000多个员工，好像也没什么希望，看不到什么希望，真的没有自信。以前我这个人其实不太会讲话，现在看看好像还会讲几句。到了日本以后，我自学了日语，跟日本人交流反而没有障碍。

沈华鸣：您天赋好，到那边马上就学出来了。

金国荣：我每天晚上学日语。

沈旭炜：现在去日本都可以不用翻译，自由交流吗？

金国荣：简单的可以，后来我的日本朋友过来，都不用带翻译，写也可以。

沈旭炜：写也可以。

金国荣：我给他们发邮件。基本上用简单的词汇就可以进行交流。我说的自信其实也是现在我们习近平总书记说的"文化自信"，他说得真的很有道理。也是他们日本人至少认可我的作品，非常认可我的作品，让我非常有自信。我在日本还接触了几个陶艺家，以及前首相细川护熙，你可能不一定知道，他是20世纪90年代的首相（1993—1994年任日本首相）。他儿子，小细川，也到我们陶艺研究所和我们一起合影交流。老细川，就是前首相，他在福冈办个展，我们去了。理事长开了一辆加长版的林肯带我们去看细川的展览，也算是他朋友。

沈旭炜：金老师，您说的理事长，他的协会全称是什么？

金国荣：理事长是慈永会的，我们那个研究所是慈永会陶瓷研究所。理事长其实是开了两家大医院的老板，一个非常大的老板。他创建这个陶艺研究所，等于是自己的兴趣爱好。他非常喜欢收藏，收藏了许多日本一流雕塑家的超一流的作品，每个雕塑都是上亿日元的，几百万日元一个的雕塑也很多。图书馆外面有一个很大的广场，上面全部都是雕塑，一个雕塑就要上亿日元。他给我们看他收藏的画，都是由日本超一流画家所作，很厉害的。理事长叫永野义孝，他祖先是中国人，来自金华，是个医生，然后在日本一直传了下来。他现在在熊本有两家大医院，非常大的两家医院，在日本已经算是很大的了，下面有几百个员工。他对我们非常友好，因为他，我们才有机会去外面看展览，有机会接触这些日本人，接触像细川护熙这样的前首相，也有机会跟他们见面。看他的展览，我并不是因为他是名人而感到特别。在日本，像这么有身份的前首相，他现在就跟我们一样玩泥巴、做陶艺。我们去的时候，他刚学了两三年。然后他在福冈办展览，我还留着他那个展览的海报。他主要是做日本茶道器的，做得很不错，理事长还收藏了一件细川的作品，朋友嘛，捧捧场。我只想说，在日本见到了这些人，他们也在做陶艺，使我更加有自信，真的非常有好处。我真的感觉大家其实都一样，前首相也好，普通人也好，不管什么职业，其实大家都是平等的，我后面就想通了这一点。在单位的时候，我没有想通，那时我的境界完全不同。到日本见识了这么多以后，我才明白，不论职业如何，大家本质上是平等的，真的是完全一样的，无非就是职业不同。我后来就想，回来以后，想从事自己喜欢的事情，这样的话，就可以在自己能力范围内把自己的事情做好。

沈旭炜： 金老师，您在日本的时候，以及去澳门交流和台湾来我们这里交流的时候，有没有留下照片？

金国荣： 有的，我在日本的给你看一下。

沈华鸣： 这些没有问题。

金国荣： 后面我也比较注重这一块，留下了一些照片。你可以看看我在日本做的作品，其实风格跟这里完全不一样。这个作品被日本的一个花道名家收藏了。

沈华鸣： 这个蓝色是？

金国荣在日本慈永会陶艺研究所（摄于 2002 年 1 月 4 日）

金国荣：釉。

沈华鸣：釉做上去做成这样的釉色。

金国荣：实物比照片还要漂亮。

沈华鸣：而且很立体，感觉浮在上面。

金国荣：实物就是这样，好像浮在上面，层次感非常强。

沈华鸣：不是我们常见的那种普通的釉的感觉。

金国荣：不一样，这种釉彩比较现代。这是我做的一个旋律系列，这批作
品都很大。他们日本人来参观，看我这个展览，他们说好像在看
日展。

沈旭炜：是，是，有点这种风格。

金国荣：日本的作品也都很大、很现代，他们觉得这个作品好像是在日展
里的作品。

沈旭炜：这都是一个系列？

金国荣在日本慈永会陶艺研究所创作天目釉彩花器作品

金国荣：对，旋律系列。这个是"天目"。"天目"是画上去的，我们传统的不是有些木叶天目吗？那个是真的树叶放上去烧出来的。我这个是画出来的，全部是用另外一种釉画出来的。

沈旭炜："天目"的意思是？

金国荣：日本人把这种黑釉统称为"天目"。他们把这种中国传统的黑釉，把建盏这种都叫"天目"。

沈旭炜：我们天目山的天目窑也是烧这种吗？它有一个窑。

金国荣：传说，宋代有一位日本和尚到天目山的寺庙来学习。然后他带回去两个茶碗，就是著名的"曜变天目茶碗"。这些是我自己做的一些"天目"，日本人很喜欢。

沈旭炜：这个跟刚刚的风格就有些不一样了。

金国荣：这是茶道的，这是青瓷的，后面还做了一些绞胎的，日本人也喜欢。

金国荣（右一）在日本指导日本苓洋高校陶艺系学生（摄于 2007 年 2 月 16 日）

沈旭炜： 这个也好，这也是在日本时期的？

金国荣： 2007 年在日本办个展，回国前，已经多少年了，2007 年，10 多
年了。

沈旭炜： 15 年了。

金国荣： 这位是理事长，传统工艺馆馆长，这位是我的朋友，尾崎先生，
当时是我们那边的负责人。我在他们的美术馆里面办展览，这个
是一些日本陶艺大学的教授来看我的展览，还有当地一些陶艺家
的展览，以及日本媒体的报道。这个是细川的儿子，前首相的儿
子，我在陶艺研究所的时候拍的。这个是我在日本交流时访问陶
艺家的工坊，这个是陶艺教室。

沈旭炜： 这可能算体验了，柿右卫门窑。

金国荣： 日本，有田那边的，这个是在他们人间国宝家里。这个在澳门，
嵇老师、郭老师，这个是英文版的整版报道，这个是中文版的。

沈华鸣：这是嵇老师年轻的时候。

金国荣：就是 10 多年前。

沈旭炜：卢家大屋。

金国荣：这个是郭老师，这个是我的作品。当时郭老师在卢家大屋里面，他还做了一个牛，后来我把它拎回来了，到他三墩那边的窑里面给它烧制出来了。

沈旭炜：金老师，您能不能评价一下，工美馆在"大师带徒"项目中的作用，或者说，对南宋官窑青瓷传承所发挥的作用，以及哪些方面还需要改进。您可以点评一下吗？

金国荣：这个项目已经进行第三期了。从第一期的 5 个国大师，到现在第三期，效果大家都看得到的。你看，包括陶瓷组的嵇老师带的几个学生，还有朱炳仁大师、陈水琴大师、王文瑛大师带的那些学生，现在有几个都非常出色，效果非常好。我虽然刚刚带了一年，但我觉得非常好。我觉得它好在哪里呢？是这样的，这个项目现在搭建的平台非常好，平时，我们要去找这样的学生是找不到的，他们也找不到我，双方相互之间没有桥梁，没有沟通的纽带。通过这么一个平台在全国招徒，可以找到一些真正想学的人。有些报名的人，可能真的是出于内心的热情，真正想学这种技艺的。作为老师，我们也是想找一些真正想把技艺作为自己的职业，作为自己一生的事业去做的学生。对我来说，这样我才能倾心尽力地去教他们，这样才有意义。我觉得真正的就应该是这样的，让想学的人真正把这项技艺作为自己的事业一直做下去。这样对我们整个行业来说，对我们这个项目来说，也是非常好的。现在，真正想学手艺的年轻人确实不多。但是，就我目前来看，我觉得我的这几个学生还是有信心把这个继续做下去的，我觉得这个是最重要的。你说，你学着学着，像有些学了 3 年，又改行去做其他事情了，我觉得真的是在浪费时间，还不如不学。

沈旭炜：那么您觉得这个项目还有没有需要改进的地方？

金国荣：是这样的，像我们陶瓷技艺的学习过程其实是很漫长的。我在日本听到过，也和我的学生讲过的，日本人做陶艺有这么一句话——揉泥 3 年，拉坯 10 年，烧窑一辈子。

沈旭炜： 最后这一步时间最长？

金国荣： 烧窑是关键，烧窑的话是没有止境的。再有经验的师父也没有把握，窑里面的东西经过 1000℃的高温，像将近 1300℃的高温，会发生各种各样的变化。我现在在烧，每一窑烧法都不一样，跟天气、外部气压以及窑内物品的摆放位置都有关系，密一点疏一点都会影响结果。所以每一窑的烧成记录我都有，包括每个小时的升温，每一窑的结果都不尽相同。

沈华鸣： 其中有很多偶然性。

金国荣： 对，很多的偶然性。

沈旭炜： 这个也得靠经验？

金国荣： 这个完全靠经验，有的时候烧窑也碰运气，就是最有经验的师父也没有把握。我当时一个窑里面为 G20 杭州峰会做了几个样品——牡丹盘，一窑里面二三十个烧进去。那个窑还要大，烧进去后，出来只有两件是好的。我那天拿给台湾的客人看，我现在还留着烧坏的几个标本，真的是不能看，一塌糊涂。同一个窑里面的，又都是我做的，材料也一样，窑也是同一个窑，无非它们放的位置不一样，上边、下边、左边、右边，到底哪个位置好，烧之前又不知道的。

沈华鸣： 也很难说。

金国荣： 说不准哪个窑位好。烧出来的作品中，有一件特别好，后来那些专家打分第一名。（笑声）。在 G20 杭州峰会选国礼的时候，最终入围的 20 件作品中，除了刺绣、扇子、石雕等，还有我的那件。评委专家的评分中，我的这件作品得分最高。我 20 多件中烧得好的就这么一件，还有一件有点小瑕疵，就这件烧得非常好。另外 20 来件，一塌糊涂，根本就不能看，一个个小鹌鹑蛋出来了，起泡了，有些缩釉缩得一塌糊涂。你说这个要怎么说？ 1990 年我在景德镇学的时候，有一次烧窑，他们（景德镇的人）把边上角落里最差的窑位给我们。剩下的窑位让我们去装，最好的窑位是装他们的。一个釉里红的大龙缸，全部是釉里红，放在他们觉得最好的窑位。但是开窑的时候，那个大龙缸上面的龙全部都飞了，因为铜红釉容易挥发，那条龙全部都没了，只留下一点影子，反正就失败了。反而我烧的一个钧红梅瓶，效果非常好。这种情况真的无法把握。所以日本人为啥说"烧窑一辈子"，因为烧窑的过程，确实是没有止境、没有把握的。

沈旭炜：学习了。

金国荣：（笑声）。所以你刚才问我，其实我是想说明什么呢？3年时间真的很短，现在这一年马上就过去了，真的很快。他们要在3年内能够真正独立，我看不见得。当然，嵇老师那里小虎也算独立了，但明明、爱青到现在还在嵇老师身边，是吧？真正做陶瓷的话，学的时间要非常长。

沈旭炜：像这些徒弟，3年以后他们会有什么打算呢？

金国荣：我还没去问过他们，毕竟他们现在学了一年都不到。3年以后，我也不太清楚我这边的情况到底怎么样，这个也一直在变化，是不是？然后不确定的因素也太多了。我觉得3年的时间稍微短了一点，我说的是学陶瓷，学其他的我不知道，如果要他们完完全全能够独立，3年时间真的是偏短了。像小凌这样都没有上手过的，要他3年之内完全独立，有些不容易。现在他烧窑碰都不敢碰，怕都怕的死了，我在烧窑，他碰也不敢碰。烧窑这东西，虽然不是说最难的，但却是最关键的，前面几十道工序做下来，最后一道工序，烧窑没烧好的话，不就前功尽弃了嘛。现在他们连烧窑都没法做，但装窑还是让他们来帮忙，装窑很简单，但是他们烧窑碰都不敢碰。以前嵇老师在三墩的时候，你们可能不太知道，没去过。

沈华鸣：三墩？

金国荣：很早了，在三墩的时候，我经常帮嵇老师他们去烧窑。爱青、明明和小虎，我在烧窑的时候，他们那个时候都看着我烧。爱青现在专门管烧窑，我在烧窑的时候，他看得非常认真，就看我怎么烧，他也很用心，像爱青他们学了5年了。

沈华鸣：他们是第一轮。

金国荣：第一轮是5年。

沈旭炜：后面两轮都是3年，我们去走访的每一位大师都说3年的时间太短。

金国荣：学陶瓷3年根本不够，3年时间太短了。像日本人学揉泥就要3年，拉坯要10年，我自己的感觉也是这样的。

沈旭炜：慢工出细活。

金国荣：不是，你不了解这个……我经常跟他们讲，这一道工序不练到一定程度，不能去学下一道。所以我说，慢慢来，等到我觉得差不多了，自然而然就会教下一道。现在我教他们下一道，他们前面都没掌握就去做下一个，根本就学不好。我给他们打个最简单的比方，大家都会开车吧。开车的过程其实和这个很相似。没有开到5000公里，这个手感根本就没有。开到上万公里，几万公里开下来了，我打几圈，左几圈右几圈，这个方向盘哪里还要去算。你说，是不是？这个是凭手感的，根本就不用去计算，完全凭手感，重一点轻一点，手上完全摸得出来，你有感觉的。现在修坯、拉坯也是这样，他们现在还是在摸索阶段。（笑声）。我说，现在还在这样敲坯子，我问他们这个坯厚薄不知道吗？然后我一进去，他们就让我看看这个坯的厚薄怎么样。我每次过去，他们就叫我。那么我说，刚开始可以解剖一下，剖开来看一下。摸一下，再剖一下，哪边厚哪边薄，剖开了，一看就知道了。好了，学了快一年了，他们一直在剖。我说他们这样是长不大的，（笑声），现在一直在剖，再剖下去的话，他们要有依赖性了。（笑声）。我说，不要再剖了。

沈旭炜：也是个方法。

金国荣：不，这是刚开始的时候，不能依赖。现在就这样，得凭手感，我说要凭手感，就得放手上，感觉重了，摸一下哪个地方厚，然后再削掉一点就可以了。我说，关键还是要凭经验，你不能……我说你急不来的，毕竟，还没有到那个程度，还要继续练。真的，你开车没开到 1 万公里，达不到这个手感程度，是不是？只不过每个人可能会有个体差异，可能你稍微早一点，他稍微迟一点，但是不会相差很多，你说是不是？你说你开了 1000 公里，马上手感就很好了，这是不可能的。

沈华鸣：一定要到这个距离才能达到一定的程度。

金国荣：至少要 3000 公里，才能稍微有点感觉，但还没有完全掌握。到 5000 公里，又完全两码事了。

沈旭炜：金老师，您能不能再提一些关于提升工艺美术影响力的意见。您在国外待了这么长时间，能否分享一些我们在工艺美术领域如何提升影响力的思路？请帮我们再提几点。

金国荣：提升影响力，首先，作品当然是最关键的。如果没有好的作品，宣传也没用。因此，我觉得作品是第一位的，要有好的作品。其次，宣传很重要，借助像工美馆这种好的平台帮我们宣传。这样的话，不仅能扩大我们的影响力，而且能通过展会展示我们的作品。说实话，现在展会的宣传效果不是很大，更多的是侧重于评奖，不过像"百花奖"这种展览仍然值得支持。最后，现在很多地方对工艺美术行业的重视程度还是不够，可能工艺美术行业本身就是这样的，税收也不是很高。像我们在做"大师带徒"这个项目，我们都是要投入的，像 3 个学生的中饭，还有我们的材料，我从不控制他们的材料购买。我们出去展览，都是要费用的。

沈华鸣：都是要花钱的。

沈旭炜：像去南京，所有费用都是您支付的？

金国荣：都是我支付的。

沈华鸣：大师还要倒贴。

沈旭炜：这个压力也蛮大的。

金国荣：是真的，可以说现在都是我自己贴钱的。

沈旭炜：对，纯投入，他们暂时还没有产出。

金国荣大师作品《冰裂牡丹盘》

沈华鸣： 而且我们让大师带徒，也消耗了大师很多自己创作的时间。比方说，金老师，如果您自己创作，收益可能会比带徒高很多。

沈旭炜： 成本很高。

金国荣： 我们确实在无私奉献。

沈旭炜： 我觉得主要在于决策方面的推动。

沈华鸣： 我觉得有影响力的大师都应该去提一提，这样会好一些。

金国荣： 我担任人大代表的时候，提过建议，这些建议还是有分量的。相关部门对省人大代表提的建议还是很重视的，南宋官窑博物馆也提了。杭州"大师带徒"项目可以说是首创的，这么好的一个项目，如果哪一年突然不搞了，我觉得非常可惜。

沈华鸣： 对，特别是每次招徒的时候，拜师仪式都是宣传部邀请媒体参与的。我们对这个项目的信心还是有的，所以想第三轮继续做下去。领导也很重视，去年总结会的时候特意说这个项目要好好宣传，不要做了十几年都不知道做了点什么，要让外界知道这个项目的存在，要有成果体现。

金国荣： 真的，我觉得是需要宣传的，不宣传的话大家就不知道。我真的觉得这个项目在全国具有代表性。外界提起杭州时，都会说到"大师带徒"项目，这是非常好的。比如说像我们这样，我以前也带过很多徒弟，但我带徒自己要去找途径，现在说实在话，学传统手工艺的年轻人很少。3年其实短也不短，那3年能够坚持下来，至少有这个项目的支持，这3年他们会在这边学的。3年学好以后，虽然不能说他们会100%一直从事这个行业，但我估计多数会延续下去，特别是我们陶瓷这一块。

沈华鸣： 陶瓷相对好一些。

金国荣： 关键是也要让他们自己有信心做下去，我看现在这几个徒弟还可以，这3个还可以的。本来还有一个许双双，许双双也一定要跟着我。

沈华鸣： 她现在经常来。

金国荣： 许双双是这样的，她本身有一个现代陶艺的工作室，做得蛮好的。

我为什么没有留她呢？因为我觉得她按照自己的想法发展下去可能更好，她就是画也好，做也好，相对来说，功底好一点。但是她做的东西不一样。

沈华鸣：不一样？

金国荣：我看她也不一定能够照模照样地做官窑，她不一定。

沈华鸣：她已经有自己的风格了。

金国荣：对，她有自己的想法在里面。她无非是在做自己想要的东西的同时来学一点传统陶瓷的技艺罢了。她有的时候也比较迷茫，心里是有疑惑的，做着做着，她肯定有的时候也做不下去了，但是这条路该怎么走下去？她就想从传统中学点东西，然后再看怎样改变一下。她是这么想的。我就跟她说，你要来随时都可以，我那边拉坯车都给她留着，工具也都给她留着。反正我和她说，你什么时候想来都是可以的。

沈华鸣：金老师那个时候徒弟的意向人选有4个，最后只选了3个。没有选上的那个，金老师其实也是很喜欢很中意的，只是名额有限，各自的特色不同。虽然她没能进入项目，但还是经常来找金老师的。

金国荣：那个人很优秀，她是央美毕业的，中央美术学院。

沈华鸣：美院出来的，功底不一样。

金国荣：你说她是央美毕业的，传统的一定做得好，那也不一定，她可能更倾向于做现代陶艺，上次在拱墅那边办了个展。

沈华鸣：她可能会更有自己的想法。

金国荣：对，我觉得这样子更好，现在手工艺行业比较艰苦，她西湖区那边的房租和生活费全靠自己，非常不易。

沈旭炜：在转塘那边？

金国荣：对，在转塘那边，那边有一个大学生创业园区。

沈华鸣：中国美术学院附近很多的。

金国荣：那边有园区，那个园区可能也有一些政策扶持，房子之类都有。像她这样的人，做我们这一行最关键的是要能够坚持，真的。如果坚持不下去，看看做这行好像很辛苦，那就很难了。吃得起苦的人，就能够坚持，真的，5年、10年坚持下去。也不是说5年、10年时间坚持下去就一定能够成功，这也是很难说的。但如果不坚持的话，就肯定撑不了，这点非常重要。有的时候就是这样，可能5年、10年没有出来，但如果再坚持5年就出来了。

沈旭炜：所以要个人坚持，家人支持，政府扶持。

沈华鸣：3个"持"。

金国荣：对，政府的扶持是需要的。我担任人大代表时，在传统工艺美术方面好像也提过一个建议，比如说，这些学生3年、5年学出来以后，我觉得政府应该扶持他们。

沈旭炜：要扶一把。

金国荣：扶一把。这类政策不能与普通大学毕业生的政策相同。相比普通大学毕业生，他们的创业之路才刚刚开始。比如3年以后，这些年轻人中的一部分决定自主创业，政府稍微扶他们一把，比如说扶个两三年，给他们一个过渡期，刚开始真的很难的。真的什么都要靠自己，双双有一次跟我讲，好像要交租金什么的，就是有点困难。后来你知道她怎么样吗，景德镇有个陶溪川，摆摊的。她跑到那边去摆摊了，连续一个星期，去了3次，她回来跟我讲："金老师，第三次我把作品卖掉了。"真的不容易。

沈旭炜：在杭州卖不掉吗？杭州没有类似陶溪川的集市？

金国荣：没有市场，景德镇那边有氛围，陶溪川那边都是学生。

沈华鸣：一个很有名的集市。

金国荣：对，一个集市，那边已经有一定的规模了，而且知名度高。很多外地人都会过去。像她这种作品是因为有一定创意，有人喜欢，可能是这样的。有些人就在那边专门挑一些学生的作品，如果看某个学生有潜力的话，就收藏他的作品，一直给他支持，他的作品就是这样做出来的。

沈华鸣：我去过，我看里面很多学生都做得蛮不错的，都很有创意。

沈旭炜：陶溪川，名气很大。

金国荣：其实年纪轻，吃点苦也是有好处的。你说20多岁的小姑娘现在不吃苦，就想马上变名家，是不可能的。现在吃点苦其实有好处，可能更容易成功。

沈旭炜：对她后期的发展更有帮助，厚积薄发。

金国荣：对，她的东西也做得不错，所以我觉得她这样更好。当然，如果政府能够扶持一下是最好的。但有些人是这样子的，老是要靠政府扶持，这样是不行的。我上次跟相关部门讲有些东西还是要扶一把，他们问为什么要政府扶持？我说，是这样的，像我们这个行业本身年轻人就不肯进来，现在愿意学的年轻人真的很少，要让年轻人看到希望。对于这个行业，现在的年轻人看不到希望，不要说年轻人了，连我们从事这个行业的这批人都看不到希望，有些人都不想搞了。我前两天去台州，他们让我去做评委，就是评那个省民协（浙江省民间文艺家协会）的"新峰计划"。青田石雕的周金甫大师说："现在从事我们这一行的，很多都改行了。"他说："卖不出去，没人要。"本身在从事这个行业的人都在改行，你说年轻人他们还进得来吗？

沈旭炜：压力很大。

金国荣：另外，像我们工艺美术这个行业，如果要让年轻人进来的话，就要保证我们现在这帮人至少能够很好地生存下去，那么年轻人才会进来。

沈旭炜：这也是行业整体的一个问题。

金国荣：相对来说，我觉得陶瓷还算好一些。其实行业是这样的，你说好也好不到哪里去。我嘛，本身跟政府打交道也打得很少，虽然政府看重我的东西，很喜欢我的东西，但我跟他们打交道不多。我弄自己这一块，基本上还是依赖市场，靠那些喜欢陶瓷的收藏家，外地来的，主要就是这些支持者。这些的话，真的要靠自己，完完全全靠自己的作品。如果作品没有竞争力，作品不被认可的话，根本就卖不出去，真的卖不出去。就像周大师说的，没人要，哪怕有些好的作品，现在也是没市场。

沈旭炜：还是市场问题。金老师,我们要么去徒弟那边看一看,您看方便吗? 4点半了，他们是不是要下班了?

金国荣：哦，4点半了，我不知道他们还在不在，他们4点半走。

沈旭炜：嗯，没关系。谢谢金老师。

翁祝红

菩提心晶化万相，证得无用之用翁

浙江省工艺美术大师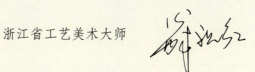

　　翁祝红，男，1973 年生，浙江杭州建德人。浙江省工艺美术大师，中国玉石雕刻大师，杭州工匠，杭州市"五一劳动奖章"获得者。1991 年建德大同中学工艺美术班毕业，进入杭州玉雕厂学习玉雕技艺，2004 年创立"菩提·心晶"玉雕工作室。现任中国非物质文化遗产保护协会玉石雕刻专业委员会副主任，中国珠宝玉石首饰行业协会水晶分会顾问，浙江省珠宝玉石首饰行业协会副会长，浙江省玉文化研究会顾问等。从事玉雕技艺 30 余年，潜心研究雕刻技艺，形成了独特的艺术风格。作品利用原料的天然皮色及晶面质感，通过亮光与亚光工艺的巧妙结合，增强了造型的立体感及视觉对比度，线条流畅，点面得当，自然美与艺术美和谐统一。作品多次荣获"天工奖""百花奖"等的金、银奖。

访谈地点： 杭州市余杭区良渚梦栖小镇设计中心

　　　　　　"菩提·心晶"工作室2楼

访谈时间： 2023年6月14日（周三），中午

访谈时长： 1小时56分05秒

访谈对象： 翁祝红

访谈人员： 沈旭炜、沈华鸣、吴冕

访谈内容：[1]

沈华鸣： 翁老师您好，今年上半年您这边"大师带徒"项目的情况怎么样？

翁祝红： 我们这组学徒本身就有一定的基础，3个人的基础各不相同，每个人成长的方向也不同。昨天下班后，我跟他们一起聊天，我说东超做活的感觉比较好，就是美学、艺术等方面的基础不够。

吴　冕： 基础可能还是有些欠缺，包括对学术的以及美学的一些理解，可能会对创作产生影响。

翁祝红： 对。就是你有一个想法，得用合适的方法把它呈现出来，对吧？但是往往现在很多人只是大概做一下，感觉挺好的，但是再往后深究的话，便会发现都是问题。乍一看，还可以。这也是我们行业里面很多人面临的一个问题，乍一看可以，但是真要仔细研究，到处都是问题。

沈旭炜： 内行看门道，外行看热闹。

翁祝红： 但是这个东西一定是做给内行看的，不只是做给外行看的，对吧？

吴　冕： 他们去比较也是内行之间的比较，可能他们的美学基础和思想境界会决定他们未来的高度。

翁祝红： 对，我昨天跟他们讲，看待一件事物的思维方式很重要。从技术角度来说，譬如陶瓷拉坯，大家的差异不会太大。那差异在哪里呢？在于对做这件事情的理解。这并不是对造型的理解，造型理解只是粗略的第一步。而对于造型以外的东西，我们要从一开始

1　本篇文字内容基于访谈整理，之后得到翁祝红老师的润色调整。文中所有照片均由翁祝红老师提供，在此表示诚挚感谢。

就带着这个东西去思考问题，并不（只）是为了把造型做好。造型当然是重要的，这个相对简单，比如说你有美学的功底，有造型能力，就能做到，但是机器也能做到，对不对？机器做得比你还要好。现在有很多做玉雕器皿的，机器的表现可能更加规整。我们在手工制作时，可能会出现多一点或少一点的误差，看不准，我们的眼睛会产生视觉误差，但机器可以做得很标准。所以，从造型的角度来说，对造型的把握要非常精准，这种能力非常重要。但是这还不够，我们这个行业跟其他的工艺美术形式又有点区别。比如说，我们和陶瓷，对于我们，第一个是要对材料有理解，这个很重要。你是怎么看待这块材料的，你觉得这个材料要怎么用，如果这里对了，就相当于已经成功了一半。

沈华鸣： 这是材料的设计。

翁祝红： 对，我们所讲的设计是包含很多维度的，设计的最终结果只是一个表象，但是在这个结果出来之前，你要对这个材料有把握。料性，我们讲料性。现在有很多原料，所以你要看得足够多，然后根据每一块材料所呈现的气质来因材施艺。这是玉雕的第一步：相玉。并不是说，什么材料来，我都给它选择一个题材来做，不是的。你像我们做这么多，没有两个是一样的，哪怕题材一样，造型、技法也不一样。

吴　冕： 每块材料都是天然（不一样）的。

翁祝红： 所以一开始我要培养他们加强（思维）这块，他们往往会忽略这一块，（而偏重）市场上什么好卖他们就做什么。

沈华鸣： 可能他们还没有到那个高度。

吴　冕： 也可能跟他们原来的经历有关。

翁祝红： 我觉得对于干活的人来说，要一直带着这种思维，不见得最终能够达到理想的结果，但是你一定要带着这种思维去做。

沈旭炜： 思维比技术更重要。

翁祝红： 所以说，理解材料，已经成功了一半。单从做活的技巧上来说，差异不会太大。当然有些人会做得到位，有些做得不到位。

吴　冕：可能从工艺上来讲，确实有一个明确的前进方向，（可以）到一定的水平，但在理解、概念或理念上，（有些确实是天赋使然）。

翁祝红：所以，在做活的过程当中，一开始就要像小学生读书一样，立个志，这就是志嘛。如果没有这个志，读书读到一定程度，就上不去了。这个志向要有，不见得能够实现，但是得有。

吴　冕：要有一个高远且明确的目标。

翁祝红：对，材料的运用，还有选题构思，都很重要，技艺只是手段。我一方面要教他们技艺，另一方面要让他们改变原有的思维习惯，这是最重要的。

沈华鸣：所以他们需要跟大师来学，拜师学艺，自己学是达不到的。

翁祝红：对，他们就是无意识的，但是你要跟他们讲一下。你一讲，他们就（开窍了）。

沈旭炜：要点拨他们。

翁祝红：对，我觉得我们带徒弟的意义可能也就在这里。并不是说，招个小学生让他从头到尾跟着你，让你教，然后成为你，那没有意义，我们也没那么多时间，对吧？

沈旭炜：至少在关键的时候点一下。

翁祝红：其实我认为拜师学艺主要的还是在这块，当然技艺肯定要教，但学技艺相对还是容易的。

沈旭炜：还是（需要）思维上的言传身教。

翁祝红：现在市场上，什么好卖就做什么，尤其像现在整个市场不太景气，大家都想做点小东西，小件类的东西，这些好卖嘛。但是这种小件的表现空间是很小的，它的表现力是有限的，我们还是需要去做一些能够传承的经典重器。以前我们在厂里做器皿就做这么高，一层一层，都这么高，而且是链子啊，环啊，铃铛啊。

吴　冕：哦，一个一个配件。

翁祝红：但是现在这些不好卖，没人做。所以说，我觉得市场是一个方面。对于这种（重器）的传承，（要）站在历史的角度来看，比如说500年以后，我们再来看这件东西，会有什么感觉。

沈旭炜：意义不一样。

翁祝红：我们现在看以前的重器，好的文物，特别是重器文物，在当时那个年代，它就是一件很厉害的东西。这并不仅仅是叠加了1000年的历史概念，而是在1000年前，在当时那个年代，它就已经展现出了非凡的价值。

沈旭炜：翁老师，重器的话，要怎么理解更好？不仅仅是说它的大喽。

翁祝红：重器可以分几个层面来讲……所有东西一定是历史文化的产物，一定跟它的时代相关。比如说，我们去看明代或者元代的东西，它一定是当时社会的一种具体呈现。比如说，我们这么多石窟造像，龙门石窟、莫高窟，还有大足石窟，还有云冈石窟。其实真正气势最恢宏的还是云冈，在它所处的那个时代，它毕竟是皇家与朝廷倾力打造的杰作。龙门算是朝廷支持的项目，也融合了民间的智慧和力量。虽然说云冈的建造时间很短，但它是朝廷工程。

沈旭炜：协会办的。（笑声）。

翁祝红：（笑声）。不仅仅是协会，有些是协会的，有些是个人的。

吴 冕：个人。

翁祝红：所以我就在想为什么我们做这个东西。首先，它是千年不坏的。既然千年不坏，我们就要站在历史的角度多想一点，比如说100年以后、500年以后，人们怎么看这件东西。对吧？我说，其实干我们这行的人很幸运，历史总会留下我们的痕迹。

沈旭炜、沈华鸣、吴冕：对。

翁祝红：很多是没有痕迹的，（所以）我们还是幸运的。但是有痕迹是一把双刃剑，如果留下的是不好的痕迹呢？

沈华鸣：那一定要留好的。

翁祝红：我经常跟我的徒弟讲，现在学艺跟20年以前是不一样的。20年前，大家可能更多地去适应市场，为了挣钱。当然，现在钱也是要挣的。实际上，我觉得这个时代挣钱是很容易的，这个时代挣钱比其他任何一个时代都容易。

沈旭炜：没有感觉到。（笑声）。

翁祝红：为什么呢？

吴　冕：我们站的高度还不够。（笑声）。

翁祝红：打个比方，你是文字类的，过去文章写得再好，（但）只能自己看到，最多身边的人能看到。而现在你可以发到网上去，会有很多人给你点赞，现在的舞台很宽广。真正有实力的人，一定会有独当一面（的机会）。在这个信息互通的时代，真正厉害的人，他的"吸金"能力是非常强的。

沈旭炜：流量。

翁祝红：所以我说这个时代对手艺人来说，也是最好的时代。你做个东西，没人帮你宣传没关系，你自己拍一下，发到网上，可以吧？好的东西总会引起大家的赞叹。虽然不懂，但是一看这个东西就会觉得真好，是不是？有时候我看视频，视频里展现的有些东西确实好。这（和）以前不一样，我们5000多年来真的没有任何一个时代能像现在这样人尽其才。以前即使你有才华，也未必能被人发现，是不是？这是事实。我一直跟徒弟讲，不要抱怨现在行情不好，这还是一个最好的时代，要在以前他们做得再好也没有用。

沈旭炜：对，出不来。

翁祝红：没人看见。

吴　冕：是。

翁祝红：是吧？但是我觉得任何东西都是双刃剑，流量也是如此。流量这个东西能为我所用，也能把我带偏。又回到之前的话题，我觉得立志很重要。你要站在历史的高度去对待手头的手艺活，这个很重要。它是不会坏的，不是消耗品。如今，我们依然可以欣赏5000多年前的东西。我们这个行业其实跟其他工艺行业的差别还是有一些的，主要在于我们需要先有材料。

沈旭炜：一定是先有材料。

翁祝红：对于材料，可能你这辈子都不见得摸得透。

吴　冕：变化太多了。

沈华鸣：每一块都独特，都是独一无二的。

翁祝红大师作品《四臂观音》

翁祝红：你看，亿万年形成的材料，人生短短几十年怎么能看懂？对不对？

沈旭炜：翁老师，您对材料的理解是跟您以前的师父学的吗？

翁祝红：我经常讲，我们生活在最好的时代。我们以前学艺的时候，好在
什么（地方呢）？（好在）我们在国营厂。

沈华鸣、吴冕：当时的玉雕厂。

沈旭炜：具体是什么名字？

翁祝红：杭州玉雕厂，在建德。我们那时候还好在什么（地方）呢？不像现
在，我的徒弟他们跟我的时候，一些种类的玉石就很难遇见了。
差不多 2000 年以后，我们这个领域逐渐细分。以前是不分的，
材质也不分，有什么材料就做什么材料。像岫玉、玛瑙、翡翠、
和田玉，我们都做过。

吴　冕：什么玉石都做？

翁祝红：只要是玉都做，以前不分的，以前岫玉名气很大的。

吴　冕：这个我知道。

翁祝红：但是后来大家都见不到了。

沈旭炜：岫玉？

吴　冕：岫岩，在辽宁那一块。

翁祝红：就是辽宁的岫岩，一个山字旁加一个"由"字。

沈旭炜：山字旁。

吴　冕：对，在红山那一块，以前的作品几乎都是那边做的。

翁祝红：我们那时候在厂里，这好在什么（地方）呢？第一个呢，就是接
触的材料多，各种材料都能见识到。第二个呢，就是各种题材都
能做，因为以前主要是出口。我们做过器皿，以及花鸟、人物等
杂件，反而佛造像做得很少。那时候主要做什么呢？做人物的话，
就是寿星啊，福禄寿啊，还有麻姑献寿、精卫填海这种民间故事，
这类题材比较多。花卉、动物都会结合着做。所以说，我们以前
学的时候，相对来说，从材料的角度看，从题材的角度看，就是
更宽一点。

沈旭炜：更宽一点。

翁祝红（左）与杭州玉雕厂原厂长俞瑞兴在杭州玉雕厂门口（摄于 2010 年 7 月 27 日）

翁祝红：对。但有好也有不好，不好的是什么呢？做得都不够精，对材料
　　　　基本上没有理解。比如说，岫玉做一个杯子，玛瑙也做这么一个
　　　　杯子，是不是？只是简单地换材而已。

吴　冕：只是换来换去。

沈旭炜：形，只是做出了一个形。

翁祝红：那个时候还是比较（关注）造型（的）。你看，历史上很多作品
　　　　也是如此，尤其是汉以后，基本上是在延续（造型），不管什么
　　　　材料基本上都是这样做，约定俗成就这么做了。

吴　冕：经典造型，从青铜器转到陶瓷，再转到……

翁祝红：但是真正地细分到每一个领域后，才觉得每一种材料都需要一辈
　　　　子的研究，每一种材料，哪怕是和田玉。我的好多朋友是专门做
　　　　和田玉的，后来分流了，有些人专门做和田玉，有些人专门做翡翠。
　　　　从题材的角度来说，比如佛造像，就是一个很大的学问，它不仅
　　　　仅是个造像的概念，还涉及一个宗教的概念。你得把佛教、佛学、

哲学等都体现出来。

沈旭炜：一旦进入这个领域，就很难再出来了。

翁祝红：现在的玉雕已经分得非常细了，比如说你要做牌子，就有专门做牌子的师傅，从子冈牌到各式牌型，无论是历史风格还是现代创意，门类很多，很细。材料的差异性太大。像和田玉和水晶，两个有差距，完全不同，所呈现的内涵以及给人的氛围都不同。

沈旭炜：不一样。

翁祝红：尤其是现当代。以前没有电，大家看一个东西，维度差不多。无论是水晶，还是和田玉，或是木雕，欣赏的角度其实差不多，因为光源比较单一。现在有了光的变化，而且这个光是可控的，亮度可控，色温可控，角度可控，焦点可控，这就可以呈现出它的这种（独特的美）。就像现在的美院，以前讲造型艺术，之后讲视觉艺术，再之后讲视觉传达，最后到多媒体艺术。

吴　冕：对对对，现在的视觉艺术形式越来越多了。

翁祝红：艺术有延展性。我昨天还在跟徒弟们说，作为雕刻者，我们不仅仅要在雕刻圈里混，还要把我们雕刻的东西融入一个大的艺术范畴里面去。

吴　冕：可能在做作品之前还要想好应用场景。

翁祝红：对呀，应用场景，底座，你的灯光将来怎么打，对吧？

吴　冕：对，你都要提前设计好。

翁祝红：提前设计好，这是一个模糊的概念。在做的过程中，还要一步步地去落实，去完善，去调整。

吴　冕：对手艺人的要求越来越高了。

翁祝红：那当然，现在对手艺人的要求越来越高了。以前的手艺人，比如说做木雕的，做竹编的，做的都是实用性的东西，都是拿来用的，现在做的东西其实很少拿来用了。当然，工艺美术门类广泛嘛，工艺门类差异性也大，有些可能还有实用性。但是即使有实用性，人们基本也不会去用了。说实话，即使有实用性，人们也不会把它当成普通的篮子去用。

吴　冕：这个价值已经不一样了。

翁祝红：现在玉雕这个领域更偏向于艺术性，从工艺美术的角度来讲，更偏艺术。

沈旭炜：偏艺术。

翁祝红：但是实际上，工艺美术和艺术本身就是不可分的，没有明显的界线。而且5000多年发展过来，它们本身就是螺旋交织发展，并不是两条平行的路。艺术本身最早也是从工艺美术里面剥离出来的，对不对？比如书画，包括年画、文人画这些。

吴　冕：最终还是在工艺美术中体现出来。

沈旭炜：最初的确是基于工艺，然后慢慢剥离出书法、艺术等。

翁祝红：对呀，还是从工艺美术上体现。最早我们人类要适应自然，比如说在脸上画点刺青呀，弄个图案，就是为了吓唬野兽。

吴　冕：对，后来就越涂越美观了。

沈旭炜：还有这么一个有趣的渊源。

翁祝红：未来，我认为工艺美术不能一概而论，因为工艺美术品类差异性太大。有些专家认为，工艺美术要回归实用性。我说这句话太笼统了。工艺美术门类这么广，实用性很好，但什么叫实用性？我首先要问，什么叫实用性？以前我参加过一个研讨会，关于工艺美术的实用性。我说，首先请大家解释一下什么是实用性，能够解决大家吃饭穿衣就叫实用性吗？也不见得。我给大家举了个例子，那个例子非常生动。刚好很巧，开会的前一天晚上我在看电视，看到一个广告。我看电视是什么都看，有什么我就看什么。那个广告是什么？两口子新婚不久，要自己做饭，自己过日子了。结果吃完饭后剩下一堆碗筷，没人洗。一个说"你洗"，另一个说"你洗"，两个人相互推脱。这时，"咣当"，来个洗碗机。哇哦。

吴　冕：蛮生动的。

翁祝红：这个洗碗机相对实用，但其实存在问题。问题在哪里？它没有把夫妻之间本来应该相敬如宾的这种（关系体现出来），要把两个人往一起拧，而不是把两人往外分。问题是解决了，但实际上两人的心分开了。

沈旭炜：对。

翁祝红：站在这个角度上看，你说它实用吗？不见得。大家都喜欢看到当下有用的东西，不会考虑未来会怎么样，未来两个人之间的裂痕（可能会）越来越大，万一下次碰到其他事情，没有洗碗机呢？（笑声）。

沈旭炜：还是没有解决问题。

翁祝红：而且这个问题会放大，把心和心的距离拉大了。我当时提出一个概念，如果当初他们结婚的时候就收藏了——和田玉的龙凤对牌，我们玉雕圈有一个蒋喜，蒋大师，是做龙凤对牌的，这个对牌能够合在一起，合二为一，一龙一凤。如果当初结婚的时候，他们各自佩戴一块。当一方想让对方洗碗的时候，看到对方手上的龙牌，（就会想起）他们是一对。人有时候需要提醒一下。当一方想让对方洗碗时，看到对牌，就会意识到：对，我们是一对，我们是两口子，还是我来洗。

沈旭炜：确实会想到。

翁祝红：是不是？钻戒是没有合二为一的，它是两个 1。龙凤对牌是他 0.5，她 0.5。

沈旭炜：加起来是 1。

翁祝红：而且龙凤对牌在设计的时候，它们的边缘线是完全重合的。我就问，到底是龙凤对牌实用，还是洗碗机实用？那我觉得龙凤对牌实用，对吧？所以说，任何事物的出发点都很重要，解决洗碗的问题并不是核心。洗碗是表象，背后反映的是以自我为中心的思维方式，没有想"我 0.5，你 0.5，大家凑成一个 1"，没有这么想。

吴　冕：这个故事没错，并非简单的"1 + 1"。

翁祝红：当时我跟好多朋友说过为什么现在赚钱变得容易了，龙凤对牌是不是好的想法？我觉得这是个非常好的想法，比钻戒好。钻戒看不出我们是一对，无非就是你大一点我小一点。

吴　冕：也可能是有和没有的差别。

翁祝红在创作

翁祝红：这种大小会逐渐让人疯狂。为什么会让人疯狂呢？你看到别人戴
　　　　了一个，再看自己的，想到结婚时老公给自己买这么小的，人家
　　　　结婚买那么大的。

沈旭炜：现在，很多人的消费观念在转变。

翁祝红：所以说，文化的作用是什么？要工艺美术干什么？这个东西不能
　　　　吃不能喝，要它干吗呢？

沈旭炜：是的。

翁祝红：对不对？我们发现这个社会存在的问题，继而用我们所学的专业
　　　　去解决这个问题或弥补不足。虽然不可能完全弥补，但是至少能
　　　　发挥一定的作用。我觉得这才是它的当代性。我经常说，这个社
　　　　会其实很好挣钱，龙凤对牌绝对是个很好的案例。这背后有技术
　　　　支撑，什么叫技术支撑呢？以前我们想做龙凤对牌，一阴一阳，
　　　　其实很难做。比如说我在雕一个部分，另一个部分要能与之完美
　　　　结合。从工艺的角度来说，这需要很厉害的高手才能做出来。但

现在技术上没问题了。

吴　冕：科技发展。

翁祝红：对，我用电脑雕就行了。这边阴雕，那边阳雕，"啪"一合，这一概念其实源自我们的文化——汉代的虎符，两块一合。

沈旭炜：才能调兵。

翁祝红：当时能够体现权力的，就是这个东西。你拿一个，我拿一个，一合，刚好。（笑声）。

吴　冕：唯一性。

翁祝红：像以前我们做器皿的时候，投齿口很难，要老师父才能投得好，因为投进去，会晃。但老师父投出来的严丝合缝，而且滴水不漏。

吴　冕：是的。

翁祝红：现在没问题了，现在已经非常简单了。

沈旭炜：技术很简单。

翁祝红：我记得我以前第一次做链子，链条环……

吴　冕：那个很难做。

翁祝红：其实现在你也可以做，我教你，就从现在开始，一个星期就做成了。

吴　冕：现在科技发达到这个程度了？

翁祝红：不是科技。主要是什么呢？这里面有方法。

沈旭炜：工具。

翁祝红：因为以前的工具质地脆弱，一动就断，工具的精度、稳定性都差很多。

吴　冕：以前带链条环的玉器也好，瓷器也好，皇家用的，都在故宫。

翁祝红：这个很难做。难做的还有什么呢？比如说这么一块小料，把它拉成这么长，这个比较难。如果有一大块料给你做，那就好做了。

吴　冕：要做链条，太浪费了，暴殄天物。

翁祝红：我们可以从龙凤对牌这一想法出发，现在二胎家庭这么多，你怎么看？现在的小孩子相对来说都比较独立，未来兄弟姐妹的感情不见得会有多好。

沈旭炜：对，我们还蛮担心的。

翁祝红：父母走了以后，兄弟姐妹之间感情还会好吗？那没关系，我们还是做对牌。

沈旭炜：三胎怎么办？（笑声）。

翁祝红：做 3 个对牌。我在设计上有所考量，第一个，从材料来说，这是一整块料，它的自然纹理能够相互延伸，完全是一块的。第二个，从雕刻技术来说，从造型的（角度来说），它们合起来时是严丝合缝的。

沈旭炜：这个想法不错，寓意也蛮好的。

翁祝红：甚至可以做大一点，家族传承。你看到这块的时候，会想到你还有一个妹妹，因为你妹妹还有一块。

吴　冕：就是一个家族的，跟以前那个传家宝的概念（有些像）。

翁祝红：当你看到这一块的时候会想到另一块，这就是它的作用，不仅仅有单独观赏的价值。我说这个绝对是个好生意。（笑声）。

吴　冕：还是建立在中国传统文化的根基上面。

翁祝红：对呀，所以我说其实工艺美术的实用性就在这里。

吴　冕：所以刚才翁老师提到的观点，就是这个意思。

翁祝红：对，我为什么说这个思维方式很重要，你说这个是不是好生意？我觉得这是一个很好的生意。我去年给我朋友做了一对结婚的对牌，我给你们看一下。

吴　冕：好东西，其实现在好的东西在网上大家都追捧的。

翁祝红：你要做到人家心里去，这个东西就是人家想要的。

吴　冕：适用性。

翁祝红：我给你们看一下，这是两块，其实是一块切的。

沈旭炜：这两块可以合在一起。

翁祝红：对，一块料从中间切开，切成两片。但你光把这个给他们，没有意义。这样只是在纹理上做到了合二为一。接下来我们还要在工艺、寓意层面做到合二为一。

吴　冕：厚度，还有一点（需要考量）。

翁祝红：这个造型呢，水晶原本常见的是六面体形态，如果把它打磨得太圆就不好看了。但从佩戴的角度来说，棱角其实是不太舒服的。

吴　冕：是的。

翁祝红：但是我要告诉你，这个棱角我是特意留的，因为我要在其中一面上刻印章。

吴　冕：这个就很有意义。

翁祝红：你看这两块牌子，这个薄一点，比较纤细，这个厚一点、宽一点。一个男的戴，另一个女的戴。这块刻了男的名字中的一个字，这个字是阳刻的。这边阴刻的是女的名字中的一个字。为什么要做印？印代表的是一种承诺。我们以前都会带个私章，按一下，像现在的签名一样，就代表你认可这件事情了。印是一种承诺，是对双方的一种承诺。我说，这个是"心心相印"。

沈旭炜：这个好。

翁祝红："心心相印"的概念，然后这还没完……

吴　冕：还有后续？

翁祝红：还有后续，我还给他们写了一篇东西。

沈华鸣：天作之合。

翁祝红：你要从材料的角度来说，它是不是"天作之合"？之后是"心心相印"的款，就是"天作之合，心心相印"，我的内容是……

沈华鸣：上面还有两个印。

翁祝红：上面有这个，一头一尾，两个人的印，我写了张东西给他们。就这样两个印，你看，这个像女性一样，比较纤细，这个比较浑厚。我把我的感想写上去，把这对牌的寓意也写上去。我说，此款水晶牌，天然纹理，完美合一，天生一对。女佩纤巧古雅，"冰"字柔美，篆体阴刻；男佩浑厚大气，"乐"字刚健，篆体阳刻。一阴一阳，和合之道。所以我说，一开始就要带着解决问题的思维去创作，你就一定能够打动（别人）。

吴　冕：这就是在想好了应用场景以后再去做事情。

翁祝红：就是一个应用场景，要想着去解决这个问题。夫妻两个在一起，

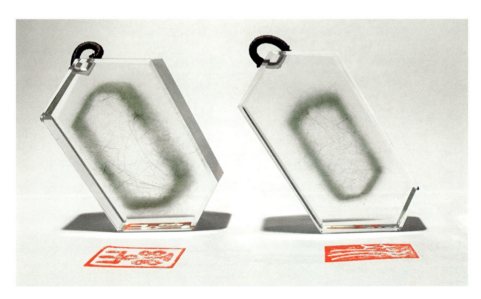

翁祝红大师作品——水晶对牌

首先肯定要天生一对，你要给他们天生一对的概念。

吴　冕：还是（要思考）为什么要去做这个事情，不要为了做而做。

翁祝红：对，尤其是在水晶中创作这种"天生一对"的作品，我可以做1000对，1000对都可以不重样，因为它们的纹理不一样，这就有趣了。这些东西为什么我们现在还不去做？我们还没到时候。我们还有更重要的事情，我们想最近几天把重器做完，然后才开始考虑退休后的生活。（笑声）。

沈华鸣：退休生活还早呢，翁大师还这么年轻。

翁祝红：我说的工艺美术其实真的要具有这种思维，要知道我们所处的这个时代呈现了什么特征，它有什么，它缺什么。

吴　冕：这样做出来的作品才可能会被世人喜欢。

翁祝红：它有什么，我们就可以拿来用，它缺什么，我们就可以去补，这不就好办了吗？我觉得这个就是"用"，就是最大的"用"。《庄子》里提到什么叫"用"？"无用之用"才是真正的"用"。看着好像很实用的东西，其实只是小用。

沈旭炜：小用，大用。翁老师，我想请教一些关于"大师带徒"项目的细节，刚刚从您那儿确实学到了很多。

沈华鸣：我觉得翁大师很适合当老师。

沈旭炜：又是工艺课，又是哲学课。翁老师，"大师带徒"的一些事情，我想跟您了解一下。问得不到位的地方，请您多包涵。我想了解一下您从事玉雕工作大概多少时间了？

翁祝红：我从1991年进玉雕厂，到现在已经很多年了。

沈华鸣：1991年？

翁祝红：我1991年毕业，然后就进玉雕厂了，我经常说我的人生是条直线。

吴　冕：毕业就进厂了。

翁祝红：毕业就进厂，一直干到现在。

沈旭炜：从哪里毕业的？

翁祝红：我们建德的一所工艺美术学校。

沈旭炜：您是建德人？

翁祝红：我是建德人。

沈旭炜：从1991年开始，学校里学的也是这块？

翁祝红：我们原来说是工艺美术专业，其实就是美术专业，跟工艺一点也不沾边。

沈华鸣：那个时候就有工艺美术专业？

翁祝红：对。我是第二届，我们学校工艺美术专业的第二届学生。工艺美术专业，实际上我们根本没有接触到任何工艺，我们就是画素描和色彩。

沈华鸣：现在也是素描和色彩。

沈华鸣：从工艺美术学校毕业后，您就进了杭州玉雕厂，从1991年开始，就一直……

翁祝红：对，进玉雕厂也是阴差阳错。我是农村孩子，听都没听过、见都没见过玉雕、玉石、玛瑙等。以前可不像现在，对吧？以前我在河里捡个白色石子都很开心。你们这个年龄可能还体会不到，后来环境要好很多了，我小的时候还处于公社时期，你们想想看。

沈旭炜：还是公社。

吴　冕：物资匮乏。

翁祝红：不是，那个时代有那个时代的一些特征，每个时代无所谓好坏，它们都有好的。"江山代有才人出"，即便抗日战争的时候，也有人在搞科研，很多人吃不饱饭，还在搞科研。我说的时代，就是要清楚地看到这个时代有什么，这个时代缺失什么，然后我们用我们的专业去解决这个问题，比如，以前那个时代没有那么多水晶，而现在这个时代则拥有丰富的水晶。

沈旭炜：好奇怪。

翁祝红：因为生产力提高了，物流也畅通了，我们能够把世界各地的东西弄回来，以前就没有。人生其实要去规划，但是最后呈现的结果可能不见得是我们设计好的。我们这一代做玉雕的人是比较有代表性的，一是有一定的美术基础，二是早期学徒期间在大厂里干过。在大厂干的这种经历很有用，接触的材料多，题材广，敢做。

沈旭炜： 这个很关键。

翁祝红： 以前我们敢做，胆子大。

吴　冕： 现在的学生不敢。

翁祝红： 我记得我们有 11 个同学进工厂，其中一个同学做老寿星的拐杖，每根拐杖的拐杖头都要做断了，断了就断了。那个时代对我们学艺的人来说，真的是练出了胆子。另外就是题材的广度，材质的广度，这种……

沈旭炜： 拿捏？

翁祝红： 这种材质和材质之间的横向比较，都会有。

沈旭炜： 都有感觉了。

翁祝红： 对，题材之间的横向选择性，最后有助于我们去选择一样并走下去，这对后期的专业成长是有利的。现在全国玉雕做得比较好的人，很多最早还是接受过美术教育的，之后在大厂里待几年，然后再出来。20 世纪 90 年代中期，全国的厂子慢慢地都不行了。

沈旭炜： 就是改制了。

翁祝红： 改制了，改制了以后我们就流浪，我跟着我师父去了扬州。当时我师父是杭州玉雕厂的老师父。

沈旭炜： 师父是扬州人？

翁祝红： 对，后来我在扬州待了几年，大部分时间都在江苏，我是 2006 年才回到杭州的。

沈旭炜： 在扬州待了 10 年？待了 10 多年？

翁祝红： 不是，扬州、南京。

沈旭炜： 都在江苏？

翁祝红： 都在江苏。后来待到 2006 年我才回来。

沈旭炜： 都是跟着师父一路在转？

翁祝红： 没有。

沈旭炜： 就是后来自己也在做？

翁祝红： 后来我在宝岛台湾的厂里工作，帮别人做。这种经历让我体会到

建德大同中学工艺美术班毕业照（后排左三为翁祝红，摄于 1991 年）

时代一定都是有利有弊的，就看你取哪一面而已。在厂里做的时候，厂子（即使）不倒闭，说实话我也干不下去。

沈旭炜：是效益差吗？

翁祝红：东西做得太差了。

沈旭炜：质量太差。

吴　冕：但是他们对东西的要求并不明确，只是跟你的考核绩效有关。

翁祝红：对，像我的一个同学，他不是做寿星的那个（拐杖）龙头嘛，他做 4 件的时间我最多只能做 1 件。他的工比较粗嘛。但是最后要有产值的，有考核体系，他可能 1 件评了 400 块钱，我们做的比他好，但我们 1 件只评了 450 块钱。

沈旭炜：大锅饭。

翁祝红：厂里说你做得比较好，但是你的产值只有 450 块钱，人家有 1600 块钱了，做 4 件了。你根本就干不下去。（笑声）。

吴　冕：评价体系。

翁祝红：我们每年、每月都要为完成产值苦苦挣扎。

沈华鸣：最后只能逼着大家都朝着 1600 块那种方式去做。

沈旭炜：后来国企改革是不是发生在一九九几年的那一波？

翁祝红：那个时候工艺品出口的比重在降低，份额在降低。这个跟我们国家的发展是有关系的，工艺品作为出口创汇的功能是越来越弱了，它的量不可能像服装这么大。

沈旭炜：相当于用服装等去创外贸。

翁祝红：从 20 世纪 90 年代中期到 2000 年，问题又开始显现。突然放开以后，一开始的时候非常好，大家都很好。再过两三年，问题就大了。因为东西多了，外商也消化不了这么多，玉雕人一下又找不到方向了。

翁祝红：到 2002 年，那时候出了个"天工奖"，这是我们玉雕行业里面的最高奖。

吴　冕："天工奖"？

翁祝红：对，这个奖项。所以我说在任何时代，（出现）这个现象一定有它的时代背景。"天工奖"设立以后，又给做活的人指明了一个方向。没有这个奖项的话，大家又会是很迷茫的。

吴　冕：又不知道去哪个方向了。

吴　冕：可能是国家也看到了这方面存在的问题。

翁祝红：所以出了一个"天工奖"，我们是伴随着"天工奖"逐步成长起来的，之前只是从技艺、材料入手，而"天工奖"让我们看到了真正的创作方向。不过，"天工奖"在杭州这边的职称评定中并不被认可。

沈华鸣："天工奖"是哪里主办的？

翁祝红：中宝协（中国珠宝玉石首饰行业协会）。

沈旭炜：现在还有吗，翁老师？

翁祝红：现在还有，21 年了。

沈旭炜：对行业来说，这个奖项还是很有帮助的。

吴　冕：对，它其实起到了一个很好的风向标的作用。

翁祝红：我们浙宝协（浙江省珠宝玉石首饰行业协会）也参与的，它是这样子的，"天工奖"在浙江赛区预选，先预选，再入围。

沈旭炜：光看图片，就觉得很有质感。

翁祝红：作品的拍摄效果也很好。

沈华鸣：工艺美术作品的拍摄要有专业的技术。

吴　冕：其实这个展会和评奖还吸引了很多收藏家前来，可能现场就已经进行买卖了。

吴　冕：（这个展）的好处是把后面的那条供应链给打通了。

翁祝红：所以说，真正形成了一个良性循环。

吴　冕：这个奖项还在评选时，很多收藏家可能就已经在现场把东西买了，相当于畅通了销售渠道、收藏渠道，减轻了手艺人的后顾之忧，因为一块材料本来就很贵，以前手艺人可能要倾尽半生的财力。

翁祝红：像我们工美馆，是第一家这样做的，是不是？而且政府花了这么大力气，不光是展馆，还有"大师带徒"项目，其他地方没有花力气去做这件事情的。

沈华鸣：其他地区好像不太有我们这种模式。

翁祝红：杭州的环境还是很不错的，真正要把工艺美术搞活，就要真正地把内生的动力激发出来，光靠行政手段还是不够的。

翁祝红：我们对杭州的工艺美术有着深厚的情感。你等一会到下面去看，我们这些年做的那些重器，未来我们想要做个大的展，最起码需要七八年时间才能够准备起来。

吴　冕：工艺比较特别。

翁祝红：我们希望未来去做一个大的展，甚至做一个大的艺术空间。我是从这个角度去考虑的。

吴　冕：还是想给人类留下点什么东西。

翁祝红：这些东西谁也带不走，这些东西不会坏，我也带不走。

沈旭炜：翁老师，我其实心里是有矛盾的。我这几天跑下来深有体会，有些手工行业其实就像您刚刚说的，确实已经被时代淘汰了，老百姓生活中也用不到这些工艺品。然后这些工艺品想卖到国外可能也没销路，确实已经在边缘了。如果政府不去拉它们一把，或者说不解决"低保"这个问题，它们很有可能就会消失。有些手艺人，就是有些大师其实还是很感谢"大师带徒"项目的。虽然经费不多，但是至少解决了他们原来可能想带一些徒弟，但不知道该带谁的问题。他们对这个也蛮感激的。然后呢，翁老师，您这边很好地解决了一个手工业与市场之间矛盾的问题，像有些行业确实没办法自己独立去解决。

翁祝红：对，所以说这是工艺美术的差异性，但是，回过来，其实政府的这种政策不能被当成一个主要的东西。不管哪个，哪怕工作门类很需要保护，也不能把希望全部都寄托在政府这里。

沈华鸣：不要光靠这个来扶持。

翁祝红：对，对。

沈旭炜：政府不可能像公司一样，无法将资源利用最大化。政府是政策制定者，一项政策一旦出台，通常会涉及多个领域，而不仅仅是针对某一个。

翁祝红：现在其实比 10 年前要好很多了。好在哪里呢？像工艺美术，有些比较偏的门类，比如说剪纸等，在这个时代发挥了很大价值。为什么？因为传播的途径更广泛了，以前传播不广。以前你在家剪，谁也不知道你。现在有这种信息流通以后，在回归到这些民间传统文化时，我们又把这些东西翻了出来，剪纸的应用变得广泛起来了。只是我们现在手艺人有个什么问题呢？捧着金饭碗要饭。

沈旭炜：是的，是的。

翁祝红：比如说剪纸，光卖个剪纸肯定赚不到钱，但如果把剪纸这个元素运用在箱包、服装，以及其他各种东西上面，这里面的价值是无限的。我们的手艺人缺乏挖掘内在价值（的能力）。

沈华鸣：对，这正是衔接的过程。

沈旭炜：对，翁老师，您确实点得很到位。很多手艺人，特别是比您还要年长一些的，拿到工具以后，整个人的状态一下子就改变了。

沈华鸣：气场都不一样了。

沈旭炜：气场、状态、精神，各方面都有所改变。

翁祝红：如果你是这个领域里做得比较好的人，那么你就不仅要有深度，还要有广阔的视野。几千年下来，什么建筑最稳固？金字塔最稳固，这么多年都不倒，基本上没有比金字塔更稳固的建筑了。它为什么稳固？因为其高度和底部面积的比例恰到好处，它有多高，底就有多宽。这就像我们做手艺的人。我以前年轻的时候一直认为我们手艺人只讲深度，不讲广度；做生意的人是只讲广度，不讲深度。后来，我越来越觉得要想把手艺做得更深，就必须有更广的视野作为支撑。就像竖个旗杆，旗杆有多高，取决于知识面的广度和视野的开阔程度。当然，我觉得做手艺不仅是一件非常好的事情，而且是一件很难得的事情。能够一辈子拿把剪刀"咔咔咔"地剪，那也是很了不起的事情。但是在当下遇到问题的时候，我们需要更多地思考时代在变，我们不能再仅仅局限于在家里贴剪纸，而是应该在背的包包上面弄剪纸的纹样。我们应该把这个纹样应用起来。（这就是）我们讲的文创开发。

沈旭炜：是跨界。

翁祝红：其实传统的东西可以变得很时尚。我给你看一样东西，我的一个朋友做的。

翁祝红：这是爱马仕酒庄的一款红酒，这是他作品的照片。他的做法非常独特：他只做作品，不卖作品。

吴　冕：只做不卖？

翁祝红：但是他们卖照片，照片给别人用。他每卖出一瓶酒，我拿多少钱，酒标。缺乏文化自信的人往往会变成什么样呢？我天天把钱给你，你帮我上酒标，相当于帮我宣传一下。他做得好（的地方是）什么呢？我跟你是对等的。这种文化自信让我们在面对大品牌时能够保持平等，而不是单纯地给钱就可以使用。我们这一代人都有什么问题呢？面对大品牌，我们没有自信，无法平起平坐地去谈这件事情。比如说剪纸，有哪个大品牌会主动找上门？你巴不得

翁祝红大师作品《佛化万相》

（给它）用，每一个都给它用。

吴　冕：相当于做联名。

吴　冕：这个就比较有意思。这种联名也需要一定的艺术沉淀和市场影响力作为基础。

翁祝红：他把他自己东西的市场价值变得更大。手艺人往往不具备这种社交能力，但是有工美馆，手艺人可以进行孵化。这给手艺人提供了一个很好的路径，让手艺人的平台足够大，可以跟那些大品牌平起平坐地谈事情，谈民间工艺文化的事情。只要平台够大，手艺人就完全可以跟一些大咖去谈这个事情。比如说，你今年设计了一款民间剪纸风格的包包。手艺人不见得有这种能力去谈，这就是我为什么说我们很多人捧着金饭碗在要饭。所以说思维很重要，手艺人的匠心当然值得肯定，但是我认为匠心只是一个根本，只是一个基础。我们讲工匠精神，它只是底层建筑，不是最高的。即便个人拥有再大的平台，其影响力也比不上国家平台的公信力。如何有效利用博物馆的公信力，这为我们提供了一个广阔的思考空间。

吴　冕：做好大师与市场之间的桥梁。

沈旭炜：现在博物馆就等东风，体制机制改革带来的东风。

翁祝红：这可是个金饭碗，每一个大师都是宝藏。只是怎么用的问题，一个是体制机制，还有一个就是要有活跃的思维，一定要有活跃的思维。我就举一个最简单的例子，剪纸在工艺美术门类里面是最难赚钱的技艺。

翁祝红：那在当下，我们能做些什么事情呢？可以从两个方面入手：当下有什么，当下缺什么。它有的东西我们拿来用，来解决它缺的东西。我觉得这样就 OK 了。我在想，如果能把剪纸应用到一系列包包或服装设计中，往那里一走，剪纸就火起来了。

沈华鸣：先找剪纸老师。

吴　冕：翁老师解决的也是它的应用场景。

翁祝红：这个就是我想讲的，我们得回归到水晶本身。水晶的欣赏习惯、价值体系与商业文化有所不同。我们过分地相信所谓的商业文化。商业的东西需要一个标准，比如钻石，净度、切割、大小都有标准，这个标准不是它的目的。它的目的是什么呢？是把我们4个人的价值观统一到一起。水晶就不一样，它没有把我们4个人的价值观统一。是白水晶好还是黄水晶好？看个人喜欢。是发晶好还是绿幽灵好呢？看个人喜欢。是有棉的好还是干净的好？（笑声）。

沈旭炜、沈华鸣、吴冕： 看个人喜欢。（笑声）。

翁祝红： 所以，它更尊重人性，没有把我们4个人统一到一个地方去。它是发散型的，同一个点发散到4个人，得到4种不同的理解。4个人对同一样东西有不同的理解，未来的趋势就是更加突出个性，会更加个性化。我只会买我喜欢的东西，你认为好的东西跟我没关系，现在年轻人就是这个样子，他只认可自己的。从人性的角度来说，人是不同的，没有最好，只有更适合而已。

翁祝红： 这个就是水晶教我的思维方法，这个才是最大的财富。如果说我要赚钱，我就不雕水晶了，我以前雕和田玉、翡翠，多挣钱啊。要知道以前雕水晶真的没人要。我以前拿一件作品去参加"天工奖"评比，这件作品基本上被公认为金奖，但有一个老板说这水晶做得真好，但他不想要水晶，想让我用翡翠做一件。我说没时间给他做。我也不想给他做，为什么不给他做？他找了我3年，我跟他讲，如果我给他做了以后，业内会觉得翁祝红对水晶没有信心，认为做水晶无法养活自己。

翁祝红： 我这么多年走过来，（认识了）这么多做和田玉和翡翠的朋友，他们都不错，我生活得也还算好。现在的市场环境证明我的（观点）还是对的，反而是和田玉、翡翠，现在很难做，尤其是和田玉。现在最难做的就是和田玉。看得上的，掏不起钱；掏得起钱的，你看不上。现在就是这样子。但水晶没关系，50块钱的东西，也很漂亮。50块钱买个东西也很好看，这个东西就这点好玩。这种价值观并不是单一的，而是发散型的，各花入各眼，这才符合未来的价值取向。

翁祝红：以前我说自己是大师，给你们讲故事就好，我给你们讲这个纸怎么剪出来的，这个刀要怎么弄，讲再多，说实话你也学不会。我讲再多，你也不可能来剪纸。（如果）真的把它运用到实际场景中，这个好，我喜欢。有场景的时候，大家都会觉得好。

吴　冕：场景还是很重要的。

翁祝红：所以我说，工艺美术门类虽然千差万别，但都是宝藏。即使一个很不挣钱的门类，它也是宝藏。

吴　冕：不挣钱的行业里面也有挣钱的。

翁祝红：毕竟有很深的底蕴可以挖，无论是题材还是技法，三天三夜都说不完。

吴　冕：几千年的文化积累都在这里了。

翁祝红：所以我说，工艺美术门类在当代怎样去用，真的还是要好好思考的，大有文章。

吴　冕：活在当下。

翁祝红：尤其在杭州。

沈华鸣：这其实也是我们这个课题要研究的一个方向。

吴　冕：怎样让工艺美术活在当下。

翁祝红：我带徒弟，总跟他们讲，我们不要一味地去迎合市场。消费者其实不知道什么东西是好的，真的不知道。只有你做出来以后，他们才会觉得好。

沈旭炜：要引导他们。

翁祝红：私人定制本身就是一个伪命题。前几年比较流行私人定制，就像刚才我说的这个品牌一样。你告诉他们这是私人定制，他们能说出什么东西来呢？只有你做出来以后给他们看，哎哟！（才会发现）这个是他们喜欢的。

沈旭炜：苹果的乔布斯说过类似的话，就是您刚刚说的那句话。

翁祝红：有一个朋友送了我一本《乔布斯传》。整本书我都看了，就记住了一句：我不知道什么是最好的，我一直在改进我的不好。我觉得这句话非常到位。他不知道，我们也未必知道什么是最好的。

翁祝红大师作品《转山》

我们雕刻手艺人，搞了一辈子还没搞明白，欣赏者又怎么能知道呢？

翁祝红：你让他说哪里好，他也说不出来，那说明什么呢？这反映出他在大局观上的缺失。大局观，一个人要有大局观，这不仅仅体现在技术层面。比如，昨天我与徒弟的讨论。我问："你觉得作品有哪些问题？同样是一根线条，你这根线条是有意识的还是无意识的？还是只是为了装饰？"不同的用意，呈现的功能也是不一样的。所有的东西一定是围绕一个主题，就像我们写一篇文章，一定要有中心思想，要不然就偏题了，要不就变流水账了。

沈华鸣：我觉得翁大师非常适合做老师。

沈旭炜：实际上学问都是相通的。

吴　冕：我们"大师带徒"这个项目也是希望用大师的眼光给年轻人一些引领。

翁祝红：我们这些手艺人都是宝藏，但是很多人都捧着金饭碗要饭。以前的价值实现是怎样的？做一件东西把它卖掉，就是价值实现。未来　定不会是这样子的。我们要创造场馆让你来体验，要在不知不觉中教育你，而不是我们"哒哒哒"地说教。

翁祝红：真的，博物馆都是宝藏。每一样东西都可以让它"活起来"，现在关键是赶上时代了，大家都开始喜欢国潮的东西。

翁祝红：我们这么多大师，每一个大师都是一个很好的 IP，而且看起来能说会道的还是蛮多的。（笑声）。

沈华鸣：每个大师的性格都不一样，也都有自己的想法。

吴　冕：都不一样。

翁祝红：这些大师，无论是做联名款，还是以他们自己作为一个脉络形成一系列的东西，都是在探讨未来的价值所在。那么，未来的价值究竟在哪里呢？能找到母体，能找到母体的东西就有价值。这个东西不是孤立的，（虽然可能）看起来是孤立的，但它与许多东西无限连接着，能找到源头。就像我们的文化，为什么讲中华文明的探源？为什么要实施中华文明探源工程？因为要找到我们的源头，明确起点在哪里。能找到昨天，就能知道明天怎么走。

沈华鸣：真的是非常有哲理。

沈旭炜：历史是昨天的，是现在的，也是未来的。

翁祝红：一个人也是一样的，任何东西都是以惯性在运转的。

吴　冕：它有一定的逻辑。

翁祝红：这就是轨迹。历史是有惯性的，就像车子一样，突然刹车是不现实的，那样很容易翻车，一定有惯性。我们的工艺美术行业，尤其是能找到根的（分支），都是有传承的。

沈旭炜：翁老师，能不能麻烦您帮我们签个名字，我们想把它扫描到书上。谢谢。

翁祝红：可以。

朱军岷

百年艺朱府传人，新时代锦程共奔

浙江省工艺美术大师　（签名）

　　朱军岷，男，1969年生，浙江杭州人。浙江省工艺美术大师，正高级工艺美术师，铜雕技艺省级非物质文化遗产代表性传承人。中华老字号"朱府铜艺"第五代传人，师从父亲中国工艺美术大师朱炳仁，是中国铜建筑营造技艺领域最具有影响力的传承人之一。中国工艺美术协会金属艺术专业委员会副秘书长，杭州朱炳仁铜艺股份有限公司董事长，杭州金星铜工程有限公司董事长。在艺术方面，先后有"朱炳仁铜"品牌和"熔铜禅画""熔铜清供"艺术问世。与其父共同建造了中国第一的"江南铜屋"，并在故宫博物院的乾隆花园设立文创艺术馆，在继承传统铜艺基础上汲取故宫文化元素，重现国宝风采，实现了铜艺技艺与故宫文化的完美结合。在中国传统手工艺日渐式微的背景下，以"家"为核心，让传统铜文化通过现代美学进行诠释，更好地展现了艺术与生活的融和之美。

访谈地点： 杭州市上城区河坊街江南铜屋博物馆
办公区3楼

访谈时间： 2023年6月14日（周三），下午

访谈时长： 11分07秒

访谈对象： 朱军岷

访谈人员： 沈旭炜、沈华鸣、吴冕

访谈内容：[1]

沈旭炜：不好意思，耽误您时间了。我们想请朱总您帮我们评价一下"大师带徒"项目。您是这方面的专家，（希望您）能帮我们点评一下。

朱军岷：最近我也在其他城市进行交流，（在交流）过程当中，发现关于工艺美术，关于非遗传承，杭州市做得相当好，可以说，应是数一数二的。从政策角度来说，杭州市的扶持力度让许多城市很羡慕。那么（对于）"大师带徒"项目，就本人而言，我是非常赞赏这个举措的。包括我父亲朱炳仁，包括我，也是（被）给了这样一个机会，由政府背书来招徒的一个机会。为什么这个机会对

朱军岷个人照片

1　本篇文字内容基于访谈整理，之后得到朱军岷老师的润色调整。文中所有照片均由朱军岷老师提供，在此表示诚挚感谢。

朱军岷创作场景

于徒弟来说尤其重要（呢）？因为工艺美术从业人员一般是体制外的，有很多渠道不了解，完全是民间的，有些甚至是非常基层的手艺人。他们没有什么背景，没有什么组织可以挂靠或者依靠。那么，有这样一个政府认可的，或者说政府背书的模式，对徒弟来说心里很稳，我觉得在这一点上确实是好的。工艺美术行业跟其他行业还不太一样，确实从业人员的社会地位有了显著提高，以前并不被重视，那么现在有政府出面，有媒体推广，对他们的身份认定起到了积极作用。我觉得是一件非常好的事情。我在民协（浙江省民间文艺家协会）的时候，协会也会考虑到这些问题，尤其是新时代的师徒关系。协会里面有很多匠人，也有大夫、律师等专业人士。现在我们也在讨论这个话题，原来的师徒关系跟新时代的师徒关系肯定是不一样的。师徒传承、师父和徒弟之间的互动，在我看来，"大师带徒"是一个很好的模式。传统匠人的传承在 1949 年前是一种模式，1949 年后就没了。杭州市政府

朱军岷（左）师从其父朱炳仁

开启了一个新的模式，徒弟跟师父之间的互动。就我现在知道的
其他几位大师，他们与徒弟之间互动得非常好，一种相亲相爱的
互动。这和旧时代的师徒关系肯定是不一样的。我觉得，这种模
式的确立对身份的认同是非常好的。另外，"大师带徒"项目每
年都会举办展览活动，包括我们这次的带徒项目，工美馆确实尽
心尽力，包括工美馆的每个工作人员。馆里要给徒弟们做展览，
支持他们提升技艺，其实这也是一种无形的督促。这对徒弟来说，
对手艺人来说，国家有任务，国家有召唤，是一件非常有自豪感
的事情。大部分手艺人在做的事情是不被人知的。那么，现在是
政府知道他们在干什么，也给他们一个渠道去展览，并且还有评
奖，这个挺好。整体来说，收徒计划非常好地提升了我们工艺美
术行业年轻人的热情。

沈旭炜：朱总，从您的专业角度来看，对"大师带徒"项目的发展，您是
否可以提一些更好的政策或者建议？

朱军岷大师作品《福鹿前程》

朱军岷大师作品《共犇锦程》

朱军岷大师作品《红船精神》

朱军岷：　"大师带徒"项目可以激发全社会年轻人对传统手艺，特别是与非遗相关的传统手艺的热情。我觉得可以将这点融入进去。除了直接带 3 个徒弟、5 个徒弟以外，通过这种活动，通过这种形式，让大家来了解，尤其是让学院的学生来了解工艺美术传统设计的这些（内容），对他们来说这个了解（是很重要的）。我觉得蛮好，促进他们投身于这个行业。在我个人看来，有专业背景的，确实不一样。手艺本身相对来说并不是很难，我一直说，手艺学几年就学会了，然而，专业素养的提升则需要长期的训练，这可能涉及绘画技能、艺术理论，或是多年实践中的思维训练，使他们在创作时能够游刃有余。我们通过"大师带徒"项目，至少让更多的人了解这个技艺，他不一定来拜师，但是他也许会喜欢上这个行业，对吧？（他）自己也可以通过各种渠道来加入这个行业。

沈旭炜：　朱总，您能不能也帮我们剖析一下工艺美术如何有效提升我们整个国家的影响力，以及其在国际传播这一块的策略，帮我们指点一下。

朱军岷：　我们最近在跟考古项目，包括三星堆、殷墟、二里头（遗址）、龙山（遗址），以及各大博物馆，包括国内十大博物馆（进行合作）。在合作过程中，党中央、国家最希望做的，也是我们从业人员最难做的，就是创造性转化、创新性发展。这个是国家对我们提出的要求，对我们这个行业提出的要求，也是一个最高的目标。在这个方面，我觉得光靠手艺人恐怕是很难的，还是要有更高层级的专业人士一起加入，包括博物馆体系和非遗体系的专家，包括设计院、设计学校的教授专家，再与我们做手艺的人紧密结合。可能只有通过这样的合作，才能真正地做到具有广泛吸引力的 IP 转化。（只有）这样，才能（更好地实现）你刚才说的去海外，以及讲好中国故事的目标。这样可能比较适合。我觉得，单纯地靠手艺人做一件手艺"走出去"的话，现在看起来不一定能引起更多的关注。老外看得也多，他们喜欢这个东西，可能比我们很多人还懂，对吧？普通的他们看得也多。（所以）还是要在转化上进行加工，（做出）时代贡献，文物复刻、复制都很容易，对吧？但是要让全世界都了解的话，就必须转化出具有普遍吸引力、共鸣点的东西。

沈旭炜： 这几天，我们与一些大师进行了交流，每位大师都分享了很多故事、很多经验沉淀。要把这些故事讲出来，（至少）要坐下来聊个一两个小时。

朱军岷： 对，这里确实涉及两个方面。我们在收徒后，（学徒）自己的转化，能获得一份很好的回报，这是最重要的一点。你教他了，他能不能觉得这是一个体面的、有价值的、有尊严的工作，这一定要通过有效的转化（才能实现）。他有回报，说实在的，就是他的收入是否能达到一定的水平，但是，这实际上是比较难的。

沈旭炜： 朱总，我也不敢多耽误您了，谢谢您给予我们的宝贵指导。

朱军岷： 这个事情确实不容易，真的，这么多年了，你们一直看着这个项目成长。

沈旭炜： 工美馆也很不容易，沈老师和吴老师都是兢兢业业，对每个回访都很认真。

后　记

　　工艺美术是一种真正"为生活造福的艺术"（张道一先生语），与我们的日常生活相互嵌入、相互融合、相互促进。杭州是中国第一个以"工艺与民间艺术之都"加入联合国教科文组织全球创意城市网络的城市，工艺美术不仅深刻体现了其作为国家首批历史文化名城的文化认同，而且成了展现城市形象、推动文明互鉴的一张闪亮金名片。2014 年大运河成功申报世界文化遗产、2016 年 G20 杭州峰会成功举办、2023 年杭州亚运会胜利召开等历史性事件，背后都闪耀着工艺美术的身影，凝聚着它的卓越贡献。

　　去年 5 月 24 日，在工美馆领导和同人的带领和帮助下，课题组正式开启了对工艺美术大师们的走访工作。至 7 月 6 日，课题组立足实际情况，在 2 个月不到的时间内，先后赴临安、拱墅、滨江、萧山、余杭、上城、西湖等区，对参与"大师带徒"项目的部分大师和他们的部分徒弟开展了调研走访和常规回访。课题组先后拜访了鸡血石雕、木雕、手绣、扇艺、陶瓷、机绣、玉雕、铜雕等 8 个工艺美术门类的 5 位中国工艺美术大师、5 位浙江省工艺美术大师，以及他们的 18 位徒弟，累计形成了 23.8 小时的访谈录音（实际访谈时间要远超于此）和 30.7 万字的访谈原始文本。课题组的走访得到了大师们和徒弟们的鼎力支持和热心帮助，使得工作能够顺利开展，并最终取得了远远超过预期的成果。

除了上述可以量化衡量的显性成果外，课题组通过这次与大师们面对面、沉浸式的深入交流与学习，所获得的知识积累、技能提升、视野拓宽和品性浸润等隐性成果，显然难以用只言片语来全面概括。

钱高潮大师是课题组本轮走访的第一位大师。在骨伤未愈的情况下，钱大师和课题组进行了近 1.5 小时的深入交流。他为了回报家乡、重振故土，当年毅然放弃省城优厚待遇，选择回乡创业、白手起家的故事，以及其中所展现的赤子之心，无不令人感动。

郑胜宁大师向课题组讲述了他和木雕结缘的故事。郑大师在拿起刻刀进行创作的瞬间，整个人从轻松自然的状态瞬间切换到认真投入的状态，让我们切实感受到了"人器合一"的境界。

金家虹大师的灵动、灵活、灵性，凝结在她所创作的一幅幅不拘一格、清新脱俗的作品中。冯骥才先生和金大师知遇帮扶的故事，折射出众多手工艺人在成名道路上所经历的无数艰辛与挑战，也为我们破译了中华优秀传统文化代代相传的一段基因代码。金大师在后期耗费大量时间对访谈初稿进行逐字逐句的"绣"改，并用红字一一标注，充分展现了金大师认真细致的处事态度和匠心精神。这种精神永远值得我们学习。课题组在本书中特意记录了这一细节，旨在能够原汁原味地展现以金大师为代表的中国手工艺人的深沉而纯粹的匠心，让这种精神得以传递出去、传播开来。

和孙亚青大师的交流同样令人印象深刻。孙大师幽默风趣的谈吐和柔中带刚的风格，让我们感受到了这位兼具"老总""老师"双重身份的大师所独有的人格魅力。

在所有拜访中，课题组占用金国荣大师的时间最长，正式访谈的录音时长达 2 小时 20 分 57 秒。金大师和我们娓娓道来他在日本学习交流的故事，意味深长地诠释了他对"现在我们习近平总书记说的'文化自信'"的深刻见解。令我们感到诧异的是，传统手工艺竟然拥有一股神秘的力量，让金大师从"以前我这个人其实不太会讲话的"，转变为眼前这位和课题组交流了近 2.5 小时却似乎意犹未尽的侃侃而谈的大师。

陈水琴大师以求真、率直、坦荡、爽朗的"一点一画"作风，生动传神地塑造了一位刚正不阿、勇于担当的大师形象。她惜徒爱徒和对这一行业发自内心的热爱，同样让课题组印象深刻。在拜访结束之际，陈大师向课题组赠送了她的作品集并亲笔签名，并因签字笔不小心多点了一个小黑点而觉得稍有遗憾，向课题组表示歉意。细节虽小，但让我们充分感受到了陈大师对手工作品完美无瑕的极致追求。

无独有偶，王文瑛大师在为课题组写个人签名时，为了追求最满意的效果，在纸上写了一遍又一遍，一共写了 7 遍自己的名字，生动诠释了精益求精的工匠精神。由于种种因素，王大师最终决定将访谈稿的文字篇幅做一定程度的压缩，而改用大量珍藏多年的老照片来帮助课题组一起还原和记录时代的变迁。当课题组提出希望能在老照片中标注出杭州工艺美术研究所的前辈们的姓名以做纪念的请求时，王大师以惊人的记忆力和速度帮助课题组完成了全部记录工作。

翁祝红大师是课题组拜访的唯一一位"70后"大师。翁大师的论述正如他的作品一样，处处充满了通透的哲学思考和创新的思维方式，给人以心智上的启迪。

朱军岷大师是朱府铜雕的传人。朱大师的讲述给了课题组一个如何看待"新时代师徒关系"的命题，启发我们要结合不同的时代环境对师徒关系及其价值、形式进行审视。

嵇锡贵大师是课题组本轮拜访的最后一位大师。嵇大师在她的工作室中接待了我们，以慈祥、和蔼、风趣的态度向我们讲述了她和徒弟们的日常点滴故事。我们从中了解到嵇大师一生的传奇故事和出神入化的技艺技法。

《周易·系辞上》载："形而上者谓之道，形而下者谓之器。"每位大师的讲述，或多或少包含着"道"和"器"两部分。道中可以见器，器中自然有道。在近处端详时，每位大师的故事仿佛是一条条平行线，彼此独立。然而，向前或向后稍加眺望时，我们便可发现大师们彼此的故事线在时代的不同点位实现了相交。如果将大师们的记忆线和故事线进行串联，我们或许可以描绘出一幅更为丰富的时代画卷。

经过近 1 年断断续续的整理，我们终于将 10 位手工艺大师的访谈内容梳理完成并基本呈现出来。这些访谈内容的图文梳理，看似可以一次成形，实则不然。从取得录音文件后，课题组首先借助计算机工具对这些录音文件进行转录，形成前文所述的 30.7 万字的原始文本（包括大师和徒弟的访谈内容）。在此基础上，课题组组织经过训练的研究助理对文稿进行第二轮整理，主要对格式、段落、标点符号、文字等进行核对。第三轮由本书的两位作者在第二轮整理的基础上进行全文校对，根据访谈情境对语义进行核准，对人名、地名、专业术语等进行核准，对方言等进行翻译核准。第三轮整理的原则之一是力求保持访谈内容的原汁原味，力求全面保留信息源，最终形成整理稿共计 16.07 万字。第四轮由本书作者将相应的访谈稿分别交由受访者进行核对，主要目的是对访谈内容中敏感信息、私人信息、关键信息等进行取舍和核对。在收到受访者的反馈后，课题组开始着手第五轮整理，同时启动受访者老照片、作品照片及相应信息的征集工作。在大师们的大力支持和热心帮助下，课题组最后对收集到的图片和文字进行对应排版，并形成了 11.51 万字的文字内容和 124 幅照片辅佐说明，呈现出了具有一定时代感的图文并茂的效果。在第五轮整理时，课题组开始与出版社的老师对接，陆续移交相关资料并共同推进后续工作。对录音文件和访谈内容一遍一遍地梳理，对课题组而言，也是一次次耳濡目染的学习过程。

西汉扬雄《法言·问神》记载："故言，心声也。"书名"言传"灵感来自课题组对部分大师的访谈交流。"言传"二字双关，一则取传统手工艺师徒"言传身教"之意，二则取以大师口述之"言"为大师立"传"之意。本书的付梓，尤其要感谢王文瑛、嵇锡贵、陈水琴、钱高潮、金家虹、郑胜宁、孙亚青、金国荣、翁祝红、朱军岷等 10 位大师，大师们抽出宝贵的个人时间接受了课题组的调研访谈，并在后期的文稿修改、素材贡献等方面给予了课题组无私支持和大力帮助。非常感谢夏琳璐、王辽鸽、张龙元、罗媛、吴明亮、王梅、金冬、何静、杨馥祯、高丽红、顾鹤丽、刘金彩、何嘉欣、甄景虎、周秀萍、倪砚倩、沈薇、徐周萍等参与"大师带徒"项目的徒弟们，他们接受了课题组的访谈并提供了丰富的观点和看法。非常感谢工美馆陈刚馆长，以及王恋、郜珊珊、沈华鸣、吴冕等领导同事，他们对本书的统筹协调、框架指导、访谈调研、素材收集、内容整理、信息核对、最终出版予以持续关注并付出大量心血。非常感谢浙江外国语学院张环宙教授、应洁琼博士对本书的指导帮助。非常感谢浙江外国语学院邬梦紫、刘倩、谢湘梅、曹郴蓉、曹靖洁、康婷、陈晨、马艺畅等同学在调研拜访和文字整理方面不同程度的付出与协助。非常感谢浙江工商大学出版社沈娴主任在本书出版阶段给予的多次指导和关心帮助。

由于时间、精力和篇幅有限，本书在内容上难免存在各种不足之处，我们希望可以得到诸位的更多批评与指导，通过共同学习与交流，不断完善本书的内容。任何意见都可以通过电子邮箱 shenxuwei@zisu.edu.cn 与作者取得联系。再次感谢。

本书课题组（沈旭炜执笔）

2024 年 7 月 25 日